KRÄUTERGLÜCK MIT DEN

Land-frauen

Grünes Kraut und buntes Glück

Wenn sich im Mai die Wiesen in gelbe Meere aus Löwenzahn verwandeln, es im Halbschatten grüner Wälder intensiv nach Bärlauch duftet oder die rote Süße einer frisch gepflückten Walderdbeere auf der Zunge zergeht, erkennen wir, welch reiche Vielfalt uns die Natur zu bieten hat. Würzige Wildkräuter, bunte Blüten, saftige Beeren und aromatische Pilze sind oft nicht weit von der eigenen Haustür entfernt – manchmal muss man nur genau hinsehen. Denn vieles, was dort in stiller Pracht gedeiht, macht sich nicht nur am Wegesrand, sondern auch auf dem Teller gut.

Die Landfrauen wissen seit Langem die wertvollen kleinen Schätze aus Wald und Wiesen einzusammeln und in der Küche zu verwenden. Bärlauch, Löwenzahn, Gänseblümchen und Co. sind nämlich nicht nur geschmacklich eine echte Bereicherung für viele Gerichte, sondern auch noch richtig gesund.
In den Landfrauen-Sendungen des BR, des WDR sowie des SWR haben die Teilnehmerinnen bereits eine ganze Menge kreativer Ideen gezeigt, wie sich Wildkräuter, Blüten, Beeren und Pilze raffiniert in Salate, Suppen, Fleisch- oder Fischgerichte, vegetarische Speisen und Desserts einbauen lassen. Die besten präsentieren sie nun in diesem Buch.

Mit Tipps zum Erkennen und Einsammeln kann nun auch im eigenen Garten oder beim nächsten Spaziergang im Grünen ein vermeintliches Unkraut als wahre Delikatesse identifiziert werden. Denn so unscheinbar die kleinen Pflanzen oft sein mögen, so bunt und vielfältig sind ihre Eigenschaften. Es lohnt sich also, in der Natur die Augen stets offen und die Nase in den Wind zu halten – der besondere Pfiff steckt oft im Kleinen.

Viel Freude im Grünen und in der Küche!

Kräuter & Blüten

GRÜN, GESUND UND VITAMINREICH – WILDKRÄUTER HABEN ES IN SICH. UND AUCH IHRE BLÜTEN KÖNNEN MIT MEHR ALS NUR SCHÖNEM AUSSEHEN PUNKTEN.

Pimpinelle

Die Pimpinelle, auch kleiner Wiesenknopf genannt, ist von ***Mai bis September*** *meist an Böschungen, Brachflächen oder Wegrändern zu finden, da sie* ***nährstoffarme und trockene Böden*** *liebt. Als Vertreterin der Rosengewächse hat sie die* ***typischen, am Stängel paarweise gegenüberliegenden Blätter,*** *an denen sie neben ihrem* ***kugelartigen rosaroten Blütenkopf*** *zu erkennen ist. Der würzige, leicht nussartige Geschmack der Blätter ist jedoch intensiver, wenn die Pflanze nicht in der Blüte steht. Auch hohe Temperaturen schaden dem Aroma, weshalb Pimpinelle stets* ***nach dem Kochen hinzugefügt*** *werden sollte. Sie ist darum ein tolles Würzkraut für kalte Speisen wie Salate oder in Kräuterquarks und Soßen, z. B. der Frankfurter grünen Soße, in der sie eine der Hauptzutaten ist.*

Bärlauch

Wenn es im schattig feuchten Grün der Wälder plötzlich recht intensiv nach Knoblauch duftet, ist einer der bekanntesten Vertreter heimischer Wildkräuter dafür verantwortlich: der Bärlauch. Auch als wilder Knoblauch oder Waldknoblauch bekannt, kann das Zwiebelgewächs von ***März bis Juni*** *geerntet werden und ist dank seiner ausbreitungsfreudigen Art nicht mehr nur* ***entlang von schattigen Fluss- und Bachufern,*** *sondern mittlerweile auch in vielen Gärten und Parks zu finden. Nicht zu verwechseln sind die* ***lanzenförmigen dunkelgrünen Blätter*** *mit denen der Maiglöckchen, diese sind nämlich giftig – was aber wegen des* ***unverkennbar knoblauchartigen Geruchs*** *des Bärlauchs nicht allzu schwierig ist. In der Heilkunde für seine* ***blutdrucksenkende und verdauungsfördernde Wirkung*** *bekannt, schmeckt dieses aromatische Kraut in der Küche hervorragend in Suppen und Soßen, als Pesto oder zu Kartoffeln, Fisch und Fleisch.*

Giersch

Dieses in heimischen Gärten oft sehr unbeliebte Pflänzchen ist völlig zu Unrecht als Unkraut verrufen. Denn wer sich in der Welt der Wildkräuter auskennt, weiß, dass Giersch ein echter Nährstofflieferant und wegen seines ***hohen Vitamin-C- und Eisengehalts*** *sehr gesund ist – und das neben seinem* ***pikanten, der Petersilie ähnlichen Aroma****, das in Salaten und Smoothies oder als Spinatalternative äußerst schmackhaft ist. Zu finden ist das recht anspruchslose Wildkraut an* ***halbschattigen feuchten Standorten*** *wie an Wald-, Park- und Gartenrändern oder in Gebüschen, wo es oft in Gemeinschaft von Brennnesseln und Knoblauchsrauke auftritt. An seinen* ***gezackten dreigeteilten Blättern*** *gut zu erkennen, kann der Giersch von* ***März bis Oktober*** *geerntet werden.*

Brennnessel

Wer kennt ihn nicht aus Kindertagen, den charakteristischen Schmerz, dem die Brennnessel ihren Namen zu verdanken hat? Ursache für die Hautreizung, die die Berührung mit der Wildpflanze hinterlässt, sind die ***Brennhaare****, die mit Kiesel- und Ameisensäure gefüllt sind und sich wie winzige Nadeln in die Haut bohren. Die* ***deutlich gesägten und auffällig strukturierten Blätter*** *erntet man also am besten, indem man von unten nach oben in gleicher Richtung mit den Härchen streicht – oder mit Gartenhandschuhen. Die Pflanze schätzt* ***halbschattig bis sonnige Standorte*** *und vor allem* ***stickstoffreiche Böden*** *und* ***ausreichend Feuchtigkeit.*** *Deshalb sollte man von* ***Juni bis September*** *an Wald-, Park- oder Gartenrändern und in der Nähe von Teichen, Tümpeln oder Bächen nach ihr Ausschau halten, wo sie oft zusammen mit Giersch zu finden ist. Beliebt in Tee, Suppe oder Smoothie, ist die Brennnessel eine hervorragende* ***Vitamin-C-, Eisen-*** *und* ***Kalzium****-Lieferantin.*

Sauerampfer

Beim Sauerampfer sagt der Name schon alles: Der ***säuerliche Geschmack*** *des Wildkrauts wird hier gleich doppelt betont, denn Ampfer bedeutet seinem indogermanischen Ursprung nach „sauer“. Sauerampfer ist eine sehr ausdauernde Pflanze, darum ist er auf* ***nährstoffreichen Wiesen und an Wegrändern*** *zu finden und kann dort von* ***Mai bis August*** *geerntet werden. Je nach ansteigendem Gehalt an Oxalsäure sind seine* ***länglichen glatten Blätter dunkelgrün bis rötlich*** *und seine unscheinbaren rispenartigen Blüten rötlich bis rostfarben. Durch ihren* ***überdurchschnittlich hohen Gehalt an Vitamin C*** *ist die Pflanze eine echte Empfehlung bei Vitaminmangel, aufgrund ihrer* ***Gerb- und Bitterstoffe*** *kann sie zudem die Verdauung anregen und bei Magen-Darm-Beschwerden helfen. In der Küche macht sich die säuerlich frische Note des Sauerampfers gut in Quark, Kräuterbutter, Wildkräutersalat oder als Alternative zu Spinat.*

Spitzwegerich

Wer von ***Mai bis Oktober*** *beim Wandern einen Kratzer oder Insektenstich erleidet, kann einfach am Wegesrand Ausschau halten – bestimmt ist ein natürliches Pflaster nicht weit. Denn der Spitzwegerich, widerstandsfähig wie er ist, wächst gern auf* ***Waldlichtungen, Wiesen und an Wegesrändern …*** *und er wird weitläufig für seine naturheilkundlichen Fähigkeiten geschätzt. Schon seit der Antike wird er als Arzneipflanze verwendet, denn sein Gehalt an* ***Schleim-, Gerb- und Bitterstoffen*** *verleiht ihm eine* ***antibakterielle, reizlindernde und entzündungshemmende Wirkung.*** *Darum wird er häufig gegen Erkältungsbeschwerden, Schwellungen und zur Unterstützung der Wundheilung eingesetzt. Die* ***langen Blätter*** *werden von* ***fünf bis sieben Blattrippen*** *strukturiert, die* ***parallel zueinander zur Spitze hin verlaufen*** *und an denen das Wildkraut gut zu bestimmen ist. Kulinarisch bringen besonders die jungen, zarten Blätter im Frühjahr mit ihrem* ***leicht pilzartigem Aroma*** *eine interessante Note in Wildkräutersalate oder Pestos.*

Vogelmiere

Die Vogelmiere, ein bei uns häufig vorkommendes Wildkraut, ist auf **lehmigen, nährstoffreichen Böden** und dort mit einer Wuchshöhe von lediglich 5 bis 10 cm typischerweise als **Bodengeflecht** zu finden. Zu erkennen ist sie darüber hinaus an den **eiförmigen, leicht angespitzten Blättern** sowie an den **kleinen weißen Blüten,** die bei sehr mildem Klima das ganz Jahr über, für gewöhnlich aber ab Mitte Mai blühen. Somit **ganzjährig zu ernten** ist das im Geschmack **maisartige milde Kraut** allzeit eine ideale Würzzutat für Kräuteraufstriche, Pestos und Salate oder schmeckt auch pur auf einem frischen, leicht gesalzenen Butterbrot ganz hervorragend. Da sie auch im Winter verfügbar ist, wird die Vogelmiere durch ihren **hohen Gehalt an Vitaminen und Kalium** außerdem häufig gegen Erkältungsbeschwerden oder grippale Infekte eingesetzt.

Gundermann

Ein weiterer Kandidat, der gern als Unkraut angesehen wird, ist der Gundermann. Wegen seiner robusten Art und großflächigen Ausbreitung trifft er in Gärten oft auf wenig Gegenliebe. Dabei hat das Kraut eine ganze Menge zu bieten: Aufgrund seiner ätherischen Öle sowie Gerb- und Bitterstoffe wirkt er **entzündungshemmend, antibakteriell und krampflösend**, weswegen er in der Heilkunde gern gegen Erkältungsbeschwerden oder bei leichteren Magen- und Darmproblemen eingesetzt wird. In der Küche dagegen verleiht er mit seinem **leicht scharfen, etwas bitteren Geschmack** Suppen, Salaten und Aufstrichen einen feinen Pfiff – er sollte jedoch nicht zu großzügig verwendet werden, da er sonst einen dominanten Geschmack entwickelt, der andere Noten überlagert. Zu finden ist der Gundermann mit seinen **saftig grünen, herzförmigen Blättern und blauvioletten Lippenblüten** von **April bis August** auf Wiesen, in Wäldern und Gebüschen und in Gärten, überall dort, wo es **halbschattig und feucht** ist.

Wiesenkerbel

Beim Spaziergang durch die heimischen grünen Auen ist er oft auf Wiesen, Weiden und am Wegesrand anzutreffen: der Wiesenkerbel. Er liebt offene, **sonnig bis halbschattige Standorte** *und ist gern Pionier auf Brachflächen, wo er* **feuchte und stickstoffhaltige Böden** *bevorzugt. Das Kraut zeichnet sich durch sein* **dunkelgrünes, farnartiges Laub** *sowie die* **weißen, doppeldoldigen Blütenstände** *aus und kann von* **Mai bis September** *geerntet werden. Der Wiesenkerbel ist in allen Teilen essbar und enthält viel* **Vitamin C und Betacarotin.** *Besonders im Frühjahr ist das Laub, dessen* **Geschmack an Petersilie und Möhren** *erinnert, eine tolle Ergänzung für Dips, Soßen und Suppen. In der Küche wird auch oft sein Verwandter, der Echte Kerbel, verwendet, der bei uns meist in gezüchteter Kulturform bekannt ist.*

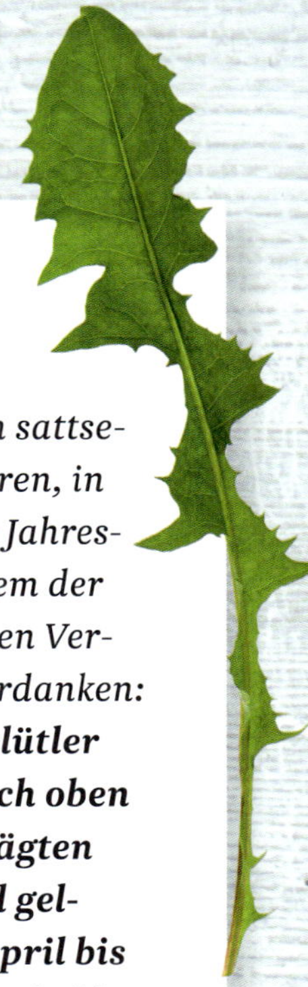

Löwenzahn

Wenn man sich im Mai kaum sattsehen kann an den gelben Meeren, in die sich die Wiesen um diese Jahreszeit verwandeln, ist dies einem der bekanntesten und beliebtesten Vertreter der Wildkräuter zu verdanken: dem Löwenzahn. Der **Kornblütler** *mit den* **sattgrünen und nach oben hin breiter werdenden gesägten Blättern** *und den* **leuchtend gelben Zungenblüten** *ist von* **April bis September** *vor allem an* **sonnig bis halbschattigen Standorten** *wie auf* **nährstoffreichen Wiesen** *zu finden. Das in der Heilkunde für seine Bitterstoffe geschätzte Kraut wird oft bei Gallen-, Leber-, Blasen- oder Nierenbeschwerden eingesetzt, da es* **harntreibend und entwässernd** *wirkt. Doch auch geschmacklich genießt das* **leicht herbe würzige Kraut** *in der Küche einen ausgezeichneten Ruf und ist als Gemüse oder Salat sowie als Grundlage für Suppen oder Pestos vielseitig einsetzbar – selbst die Blüten können zu Marmelade verarbeitet werden und setzen in Limonade oder als Topping auf Speisen aromatische wie optische Highlights.*

Borretsch

Der Borretsch ist gemeinhin auch als Gurkenkraut bekannt, und das nicht ohne Grund: Sein ***ausgeprägter charakteristischer Geschmack nach grüner Gurke*** *macht ihn darum auch besonders beliebt in der Küche, z. B. in Salaten, auf Brotaufstrichen oder zu Eierspeisen. Die* ***wechselständigen ovalen Blätter sowie der Stiel der Pflanze sind leicht haarig,*** *und sie bildet von* ***Mai bis September strahlend blaue bis violette, sternförmige Blüten*** *aus, welche als Topping auf Käseplatten oder Desserts einen besonders ästhetischen Anblick abgeben. Borretsch ist vor allem an* ***sonnigen und windgeschützten Standorten*** *mit* ***leicht feuchten und lockeren Böden*** *zu finden. Auch in der Heilkunde genießt das Kraut einen guten Ruf, wo es aufgrund seiner* ***juckreizlindernden und entzündungshemmenden Eigenschaften*** *in Ölform gern gegen trockene und schuppige Haut oder Neurodermitis eingesetzt wird.*

Wiesenschaumkraut

Das Wiesenschaumkraut, eine in Deutschland heimische Wildpflanze, verdankt seinen Namen den Schaumzikaden, die bevorzugt an dieser Pflanze leben und Schaumnestern ähnlich, sehr kleine Seifenblasen bilden. Je nach Witterung ist es von ***April bis August*** *vor allem auf* ***feuchten Wiesen*** *und* ***entlang von See- oder Flussufern*** *zu finden. Die* ***lanzettförmigen Fiederblätter*** *wachsen* ***wechselseitig am Stängel,*** *und die Pflanze bildet* ***vierblättrige und weiß, hellrosa oder rosaviolett gefärbte Blüten*** *aus, die vor allem von* ***April bis Juni*** *gern von Schmetterlingen, Bienen und anderen Insekten besucht werden. Im Volksmund auch als Wilde Kresse bekannt, ist das Wildkraut jedoch nicht nur für Insekten eine schmackhafte Sache: Während* ***Blätter und Samen ein eher pfeffrig scharfes Aroma*** *abgeben, schmecken die* ***Blüten mild nussig.*** *Vor allem in kalten Speisen verwendet, ist das Wiesenschaumkraut eine pfiffige Ergänzung in Wildkräutersalaten und Kräuterquarks oder als Topping für Suppen oder Desserts.*

Rotklee

Der Rotklee, auch als Wiesenklee bekannt, ist, wie der Name schon sagt, ein häufig gesehener Einheimischer auf **Wiesen und Waldlichtungen.** *Die Pflanze mag* **lichte bis halbschattige Standorte** *mit* **nährstoffreichen Böden,** *ist jedoch aufgrund ihrer tiefen Wurzeln sehr anpassungsfähig und kann von* **Mai bis September** *geerntet werden. Der Klee ist – wie den meisten wohl bekannt – an seinen sehr* **charakteristischen, in Dreiergruppen angeordneten Blättern** *sowie an den* **rot bis rosa gefärbten kugelförmigen Blütenständen** *besonders gut zu erkennen. Heute vor allem in der Heilkunde geschätzt, wo er* **gegen Menstruationsbeschwerden und Schleimhautentzündungen** *sowie bei Herz-und-Kreislauf-Problemen unterstützend eingesetzt wird, kann er auch in der Küche wertvoll sein. Frische Keimlinge und junge Blätter sind reich an Mineralien und Spurenelementen, und die roten Blüten sind mit ihrem* **milden Geschmack** *äußerst dekorativ auf Suppen, Salaten oder Brotaufstrichen.*

Schafgarbe

Auf den heimischen Wiesen ebenso oft anzutreffen ist die gemeine Schafgarbe. Die Wildblume ist von **Mai bis September** *an* **sonnigen Orten** *mit* **eher durchlässigem Boden,** *also* **auf Weiden, an Acker- und Waldrändern, auf Brachflächen** *und außerdem bis in* **gebirgige Regionen** *zu finden – wo sie früher gern von Schafen gefressen wurde. Diesem Umstand und ihren Naturheilwirkungen verdankt sie auch ihren deutschen Namen, der aus dem Mittelhochdeutschen übersetzt so viel wie „Schafe heilen" bedeutet. Die* **blutstillenden, antibakteriellen und wundheilungfördernden Eigenschaften** *des Krautes machen jedoch nicht nur Schafe gesund, sie wurden auch schon seit der Antike bei Kriegern und Soldaten zur Wundheilung eingesetzt. Die* **zierlichen gefiederten Blätter** *werden vor allem bei jungen Pflanzen für ihren* **aromatischen, leicht bitteren Geschmack** *in Quarks und Salaten geschätzt, die* **weißen, doldenartig angeordneten Blüten** *– die allerdings keine echten Doldenblüten sind – werden gern zu Sirup verarbeitet.*

Gänseblümchen

Den meisten noch aus der Kindheit in liebevoller Erinnerung sind die ***kleinen weiß-gelben Blüten*** *des Gänseblümchens. Dass diese essbar sind, ist vielen bekannt, doch nur Wildkräuterexpertinnen und -experten wissen, dass dem Gänseblümchen eine* ***entzündungshemmende Wirkung*** *nachgesagt wird, weshalb es schon im Mittelalter gegen Hautprobleme und Gelenkbeschwerden eingesetzt wurde. Stets* ***auf der Sonnenseite*** *des Lebens, ist die filigrane Blüte auf* ***mäßig feuchten und nährstoffreichen Böden*** *zu finden und kann bei einer Blütezeit von* ***März bis November*** *fast ganzjährig geerntet werden. Der* ***zart-nussige Geschmack*** *macht sich toll in Salaten, Kräuterquarks und -butter, und die Blüten sind als Topping auf Suppen und Desserts äußerst dekorativ.*

Ringelblume

In der Heilkunde vor allem unter ihrem lateinischen Namen Calendula bekannt, ist die Ringelblume zweifellos eines der bekanntesten Heilkräuter. Durch ihre ***entzündungs- und pilzhemmenden*** *Inhaltsstoffe werden die Blütenblätter sowohl in der Medizin als auch bei Naturheilverfahren zur Wundheilung und bei Haut- und Schleimhautentzündungen eingesetzt. Die ursprünglich als Zierpflanze kultivierte Blume wächst heute auch verwildert vor allem an* ***sehr sonnigen Standorten*** *mit* ***leicht feuchten, lockeren Böden.*** *Zur Blütezeit von* ***Juni bis Oktober*** *bildet die Pflanze die charakteristischen* ***gelben bis orangen Korbblüten*** *aus, die ein- oder mehrfarbig sein können. Wildkräuterliebhaberinnen und -liebhaber sind zudem oft auch an den* ***lanzettartigen Blättern*** *interessiert, die* ***ganzjährig*** *geerntet werden können und mit ihrem* ***pikanten, leicht bitteren Aroma*** *als Würzkraut dienen. Die Blüten sind mit eher wenig Eigengeschmack dafür ein umso schönerer Anblick auf Salaten und Desserts.*

Kapuzinerkresse

Die ausbreitungsfreudigen Ranken der Kapuzinerkresse findet man vermehrt in kultivierter Form als Zier- und Heilpflanze, mitunter jedoch auch verwildert an Garten-, Parkrändern und auf städtischen Brachen. Zu erkennen an den **rund bis leicht kantig geformten Blättern** mit den **strahlenförmigen Blattadern,** bildet die Pflanze die leuchtenden **gelben, orangen oder roten Blüten** aus, die mit **fünf Kelchblättern** und einem **gegenüberliegenden, spitz zulaufenden Sporn** von der Seite betrachtet an eine Zipfelmütze erinnert – ähnlich der Kopfbedeckung der Kapuzinermönche, was der Pflanze ihren Namen einbrachte. Das sonnenverliebte Kraut bildet von **Mai bis Oktober** bei **viel Licht** und einem **nicht zu nährstoffreichen, eher lehmigen oder sandigen Boden** die meisten Blüten aus. Als Arzneipflanze für ihre **antibiotischen, antiviralen und antimykotischen Eigenschaften** sehr geschätzt, ist die Kapuzinerkresse in der Küche wegen des **intensiv pfeffrigen Geschmacks der Blätter** sowie des dekorativen Wertes der Blüten beliebt.

Malve

Unter den Malvengewächsen wird vor allem die Wilde Malve häufig als Heil- und auch Küchenkraut eingesetzt. Die ursprünglich aus dem südlichen Eurasien stammende Blume ist heute auch in Deutschland weitverbreitet und von **Juni bis September** oft verwildert an **Weges- und Feldrändern, Böschungen, Schuttplätzen, Häuserwänden und -mauern** zu finden. Sie ist gut an ihren **bläulichvioletten oder rosaroten Blütenköpfen** zu bestimmen, deren fünf Blütenblätter am äußeren Rand eingekerbt und auffällig geadert sind und die in den Achseln von in der Regel **fünflappigen, wechselständigen und behaarten Blättern** wachsen. Die blühfreudige Pflanze wird wegen ihrer Schleim-, Gerbstoffe und ätherischen Öle gern bei Erkältungsbeschwerden oder Entzündungen im Mund-und-Rachen-Raum eingesetzt, da sie **reizlindernd, antibakteriell und antientzündlich** wirkt. In der Küche werden die hübschen Blüten vor allem zu Dekorationszwecken oder in Getränken verwendet.

Wildrose: Blüten & Hagebutten

Wildrosen sind anspruchslose wüchsige Pflanzen, die es in vielen verschiedenen Farben und Formen gibt. Eine davon ist die bei uns heimische Hundsrose, die in der Natur vor allem an ***halbschattigen und absonnigen Standorten*** *wie lichten Wäldern, Böschungen oder Wegesrändern zu finden ist. Die Hundsrose blüht nur* ***einmal im Jahr zwischen Mai und Juni,*** *dann bildet sie* ***schalenförmige weiß-rosa, zart duftende Blüten,*** *die im Herbst zu* ***scharlachroten, länglichen Hagebutten*** *werden. Die* ***Vitamin-C-reichen Sammelnussfrüchte*** *reifen im* ***Oktober und November,*** *was sie während der Wintermonate zu einer wertvollen Nahrungsquelle für Vögel macht. Doch nicht nur jenen schmecken die roten Früchte, auch für uns Menschen lassen sich aus Hagebutten Leckereien wie Likör, Marmelade und Tee herstellen. Die Blüten der Hundsrose sind ebenfalls essbar und können Desserts und Getränke geschmacklich und optisch aufwerten.*

Holunder: Blüten & Beeren

Der Schwarze Holunder bietet in doppelter Hinsicht eine reiche Ernte, denn es können nicht nur die ***schwarzen, saftreichen Beeren,*** *sondern auch die* ***kleinen rahmweißen Blüten*** *genutzt werden. Letztere wachsen im* ***Mai und Juni*** *in* ***großen Schirmrispen*** *und entwickeln sich über den Sommer hinweg zu Beeren, die im* ***August und September*** *geerntet werden können. Diese sind schwach giftig und sollten* ***nicht roh verzehrt*** *werden, da sie so Verdauungsbeschwerden verursachen können. Beim Erhitzen wird der giftige Stoff jedoch restlos zersetzt, die Beeren sind* ***in gekochter Form also völlig ungefährlich.*** *Da sie* ***viel Vitamin A, B, C und Kalium*** *enthalten, gilt Holunder zu Saft verarbeitet als echter Vitaltrunk. Auch Marmelade oder Gelee lässt sich aus den intensiv roten Beeren herstellen. Die Blüten sind beliebt als Sirup und Tee und helfen* ***gegen Fieber und Erkältungsbeschwerden.*** *Der Strauch wächst an* ***mäßig feuchten, halbschattigen Waldrändern und Lichtungen*** *und hat als Bienen- und Vogelnährgehölz darüber hinaus einen hohen ökologischen Wert.*

Beeren

ROT, RUND, SAFTIG UND SÜSS – BEEREN SIND OPTISCH UND GESCHMACKLICH EIN ECHTES HIGHLIGHT UND KÖNNEN SICH AUCH IN DER GESUNDEN ERNÄHRUNG SEHEN LASSEN.

Heidelbeere

Heidelbeere oder Blaubeere – zwei Namen für dieselbe Frucht? Einen großen Unterschied gibt es nicht, jedoch ist die Kulturheidelbeere eine Abwandlung der nordamerikanischen Blaubeere, während die europäische Waldheidelbeere hierzulande auch wild ***in Wäldern*** *auf* ***feuchten, sauren, humusreichen Böden*** *wächst. Der Zwergstrauch mit den* ***dichten, kahlen, grün gefärbten Trieben*** *und* ***elliptischen Blättern*** *bringt im* ***Juli und August druckempfindliche, sehr kleine und dunkelviolette Früchte*** *mit* ***purpurviolettem Fruchtfleisch*** *hervor, die an* ***kurzen Stielen*** *hängen. Sie sind mühsamer zu sammeln als die der Kulturform, dafür aber besonders aromatisch und reicher an* ***Vitamin C.*** *Auch* ***Gerb- und Farbstoffe*** *machen die Waldheidelbeere zu einem Naturheilmittel gegen Darmbeschwerden und zur Stärkung des Immunsystems. Geschmacklich eignen sich die Beeren hervorragend für Marmelade und Kuchen.*

Preiselbeere

Ebenfalls zur Gattung der Heidelbeere gehört die Preiselbeere, die hierzulande bevorzugt ***sonnige Standorte in Mooren und Bergheiden,*** *teilweise aber auch* ***halbschattige saure Kiefern- oder Fichtenwälder*** *besiedelt. Der Zwergstrauch mit den* ***kurz gestielten, elliptischen dunkelgrünen Blättern*** *ist von* ***Mai bis Juli*** *ebenso an den Trauben* ***nickender weiß-rosa Blüten*** *wie im* ***August und September*** *an den* ***5–10 mm großen, leuchtend roten Beeren*** *zu erkennen. Die Preiselbeere ist bei Köchinnen und Köchen durchaus beliebt, denn der* ***herbe, leicht säuerliche Geschmack*** *ist eine tolle Ergänzung zu Wildgerichten oder Schnitzel. Aufgrund des* ***hohen Fruchtsäuregehalts,*** *der dieses Aroma hervorbringt, werden die Beeren allerdings selten roh gegessen, sondern lieber zu Kompott oder Marmelade verarbeitet.*

Brombeere

Die Brombeere gibt es in zahlreichen Wildformen, die seit jeher in den Wäldern gesammelt wurden und deshalb zu den ältesten Obstarten zählen. Die je nach Sorte ***aufrecht oder liegend wachsenden Ranken*** *mit den* ***drei- bis fünfteiligen gesägten Blättern*** *bilden* ***in Trauben angeordnete Blüten und Früchte*** *aus. Dies tun sie kontinuierlich über den Sommer hinweg, weshalb Brombeeren von* ***Juli bis in den Oktober hinein*** *geerntet werden können. In freier Natur wachsen die Sträucher vor allem auf Waldlichtungen oder in Wildhecken, wobei sie an* ***vollsonnigen Standorten*** *die meisten Blüten hervorbringen, und auch die daraus entstehenden* ***tiefschwarze Beeren*** *reifen dort am besten aus. Denn dann sind Brombeeren nicht nur süß und lecker, sondern mit viel* ***Vitamin A, C und E*** *auch echte Vitaminbomben und wirken aufgrund eines hohen Gehalts an* ***Antioxidantien*** *sogar* ***entzündungshemmend und immunstärkend.*** *Egal ob frisch oder eingekocht, im Kuchen oder als Dessert, Brombeeren sind geschmacklich wie optisch ein echtes Highlight.*

Walderdbeere

Die Walderdbeere hat von allen Erdbeersorten die aromatischsten Früchte. Generell sind diese in gleicher Weise verwendbar wie die ihrer kultivierten Schwester, jedoch besitzen sie im Gegensatz zur Gartenerdbeere in der Heilkunde geschätzte Eigenschaften wie einen ***hohen Vitamin-C- und Eisengehalt.*** *Die* ***winterharte, bodendeckende Pflanze*** *hat* ***dreiteilige gezähnte Blätter*** *und bildet von* ***April bis Juni kleine weiße, fünfblättrige Blüten*** *aus. Die etwa 1 cm großen roten Früchte reifen dann* ***über den Sommer hinweg bis in den September hinein*** *und sind mit* ***gelben, grünen oder roten sogenannten Nüssen*** *übersät. Während die Beeren in der Küche gern in Desserts, Süßspeisen oder als Dekoration verwendet werden, sind auch Wurzeln und Blätter vor allem in getrockneter Form, z. B. als Tee, ein gutes Mittel gegen Verdauungsbeschwerden und diverse Entzündungen. Bei wild gesammelten Früchten gilt auch hier: Gründlich waschen.*

Pilze

UNTER DIESEN HÜTEN STECKT EINE GANZE MENGE WÜRZE UND AROMA. PILZE SIND BELIEBTE GESCHMACKGEBER UND WERDEN IN DER KÜCHE SEHR GESCHÄTZT.

Steinpilz

Der König der Waldpilze ist unglaublich beliebt bei Pilzsammelnden. Den ersten Steinpilz im Jahr, den Sommer-Steinpilz, findet man bei günstiger Witterung ***schon im Juni.*** *Die Saison dauert dann* ***bis in den Oktober, endet aber mit dem ersten Frost.*** *Da Steinpilze gewisse Baumarten bevorzugen, sind sie oft* ***unter Buchen, Eichen, Fichten oder Kiefern*** *zu finden. Sie mögen Waldböden mit abgestorbenem Holz, wenig Gras und lichten Stellen, wo wärmendes Sonnenlicht sie erreichen kann. Zu erkennen an dem* ***glatten, hell- bis dunkelbraunen Hut*** *und dem* ***weiß bis hellbräunlich keulenförmigen Stiel,*** *ist der Steinpilz mit* ***weißem festem Fleisch*** *und herrlich* ***nussigem Geschmack*** *eine echte Empfehlung zu Reis, Nudeln oder Fleisch.*

Pfifferling

In der Thronfolge direkt nach dem König kommt der goldene Prinz: der Pfifferling. In ***lichten Wäldern mit moosigen Bösen*** *wächst er von* ***Mai bis Oktober in der Nähe von Fichten, Tannen und Buchen.*** *Er bevorzugt alte Baumbestände mit totem Holz, wo er an* ***feuchten, warmen Stellen*** *prächtig und gern in Gruppen gedeiht. Im Wald ist der Pfifferling mit seiner* ***blass bis leuchtend eigelben Farbe*** *gut zu erkennen, aber Vorsicht, er ist niemals orange – hier handelt es sich um seinen ungenießbaren Zwilling. Der echte Pfifferling ist an seinem* ***Hut,*** *der* ***bei jungen Pilzen nach unten gewölbt,*** *bei* ***älteren trichterartig und wellig*** *ist, und an seinen* ***netzartigen Leisten*** *(keine Lamellen!) zu bestimmen. Sein* ***würziger, pfeffriger Geschmack*** *ist vielseitig einsetzbar und kann toll zu Nudel-, Eier- und Fleischgerichten kombiniert oder als Topping auf Suppen und Salaten eingesetzt werden.*

Saisonkalender

WANN IST DIE RICHTIGE JAHRESZEIT, UM WELCHE ZUTAT ZU ERNTEN? HIER GIBT ES ALLE KRÄUTER, BLÜTEN, BEEREN UND PILZE AUF EINEN BLICK!

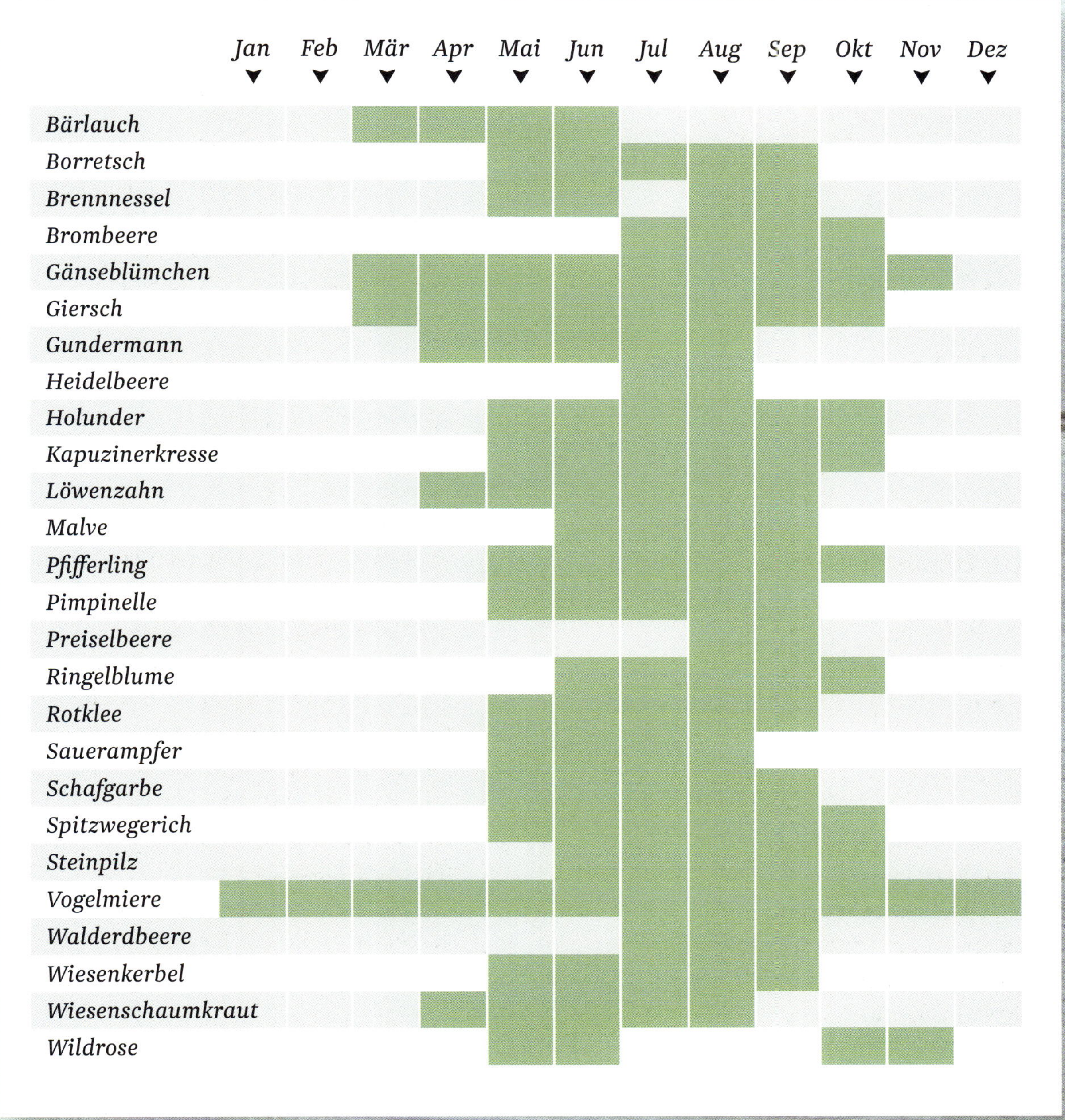

Vorspeisen

OB ALS SALAT, SUPPE ODER TOPPING – HIER KOMMEN KRÄUTER, BLÜTEN UND CO. NICHT NUR OPTISCH IN GANZER PRACHT ZUM GLÄNZEN.

Gartensalat

MIT GEGRILLTEM HÄHNCHEN

Zutaten für 6 Personen

Für das Hähnchen:
4 Hähnchenschenkel (à ca. 150 g; mit Haut)
1 Hähnchenbrustfilet (300 g)
2 EL Olivenöl
2 TL Brathähnchengewürz

Für den Salat:
ca. 400 g roter und grüner Eichblattsalat
1 Bund Kräuter der Saison (z. B. Petersilie, Dill, Pimpinelle)
1 EL Naturjoghurt
2 EL Balsamico bianco
1 EL Zucker
Salz
Pfeffer aus der Mühle
Paprikapulver (edelsüß)

Außerdem:
essbare Blüten (z. B. Gänseblümchen, Duftgeranien, Ringelblumen)
geröstete Leinsamen zum Garnieren

1 Den Grill anheizen. Die Hähnchenschenkel und das Hähnchenbrustfilet waschen und trocken tupfen. Das Olivenöl mit der Gewürzmischung verrühren und die Hähnchenschenkel und das Filet rundum damit bepinseln. Das Fleisch in eine Alugrillschale legen und bei indirekter Hitze 15 bis 20 Minuten grillen, dabei regelmäßig wenden.

2 Für den Gartensalat den Eichblattsalat putzen, waschen, trocken schleudern und in mundgerechte Stücke zupfen. Die Kräuter waschen und trocken schütteln, die Blätter abzupfen und fein hacken. Salatblätter und Kräuter in einer Schüssel mischen.

3 Für das Dressing Joghurt mit Essig und Zucker verrühren und mit Salz, Pfeffer und 1 Prise Paprikapulver würzen. Den Salat mit dem Dressing mischen und auf Tellern anrichten.

4 Die Hähnchenbrust in Scheiben schneiden und auf dem Salat verteilen. Den Salat mit Leinsamen bestreuen und mit essbaren Blüten dekorieren, je 1 Hähnchenschenkel dazu anrichten.

Salat

MIT SPUNDEKÄSPRALINEN UND WALNÜSSEN

Zutaten für 4 Personen

Für die karamellisierten Walnüsse:
2 EL Zucker
10 Walnusskerne

Für die Spundekäspralinen:
200–250 g Frischkäse
Salz
je 1 Msp. edelsüßes und rosenscharfes Paprikapulver

Für den Salat:
200 g gemischte Blattsalate (z. B. Frisée, Radicchio, Feldsalat, Rucola)
1 kleine Knoblauchzehe
1 Walnusskern
3 EL Balsamico bianco
1 TL Traubenmostsenf (ersatzweise Estragonsenf)
2 TL Weingelee
1 EL Traubenkernöl
2 EL Sonnenblumenöl
2 EL Nussöl (z. B. Walnussöl)
1 EL Basilikumöl
2 EL gehackte Kräuter (z. B. Basilikum, Dill, Kerbel, Kresse, Petersilie, Pimpinelle)
Salz
Pfeffer aus der Mühle
Gänseblümchen zum Garnieren

1 Für die karamellisierten Walnüsse 2 EL Wasser mit dem Zucker in einer kleinen Pfanne unter ständigem Rühren erhitzen, bis der Zucker zu karamellisieren beginnt, aber nicht zu dunkel wird. Die Pfanne vom Herd nehmen, die Walnüsse durch den Karamell ziehen und auf Backpapier abkühlen lassen. Die karamellisierten Walnüsse im Mörser zerstoßen oder in einen Gefrierbeutel füllen und mit dem Nudelholz darüberrollen. Zerkleinerte Nüsse beiseitelegen.

2 Für die Spundekäspralinen den Frischkäse in einer kleinen Schüssel mit Salz würzen und mit dem süßen und dem scharfen Paprikapulver abschmecken. Aus der Masse mit zwei angefeuchteten Esslöffeln Nocken formen und in den zerstoßenen karamellisierten Walnüssen wälzen.

3 Für den Salat die Blattsalate putzen, gegebenenfalls verlesen, waschen und trocken schleudern. Die Salatblätter in mundgerechte Stücke zupfen. Für das Dressing den Knoblauch schälen und in feine Würfel schneiden, die Walnuss im Mörser fein zerreiben. Den Essig mit Senf, Weingelee und Ölen verrühren, Knoblauch, Walnuss und Kräuter untermischen. Das Dressing mit Salz und Pfeffer würzen und nach Belieben noch 1 bis 2 EL Wasser hinzufügen.

4 Den Salat auf Teller verteilen, mit Gänseblümchen garnieren und mit dem Dressing beträufeln. Die Spundekäspralinen daneben anrichten. Dazu passt frisches Baguette.

Wildkräutersalat

MIT LACHS VOM BRETT, FRISCHKÄSE-KRÄUTER-BÄLLCHEN UND BROTSCHNECKEN

Zutaten für 4 – 6 Personen

Für die Brotschnecken:
400 g Dinkelmehl
100 g Roggenvollkornmehl
Salz
2 EL Olivenöl
½ Würfel Hefe (20 g)
125 g zimmerwarme Butter
Pfeffer aus der Mühle
getrocknete Kräuter

Für die Frischkäsebällchen:
200 g Feta (Schafskäse)
200 g körniger Frischkäse
Pfeffer aus der Mühle
2 EL Sonnenblumenkerne
2 EL Leinsamen
2 EL Olivenöl
Löwenzahnblütenblätter

Für den Lachs:
2 EL Wacholderbeeren
2 EL bunte Pfefferkörner
1 Lachsseite mit Haut (ohne Gräten)
Salz

Für den Salat:
Wildkräuter und -blüten der Saison (z. B. Melde, Gänseblümchen, Rotkleeblüten, Sauerampfer, Löwenzahnblätter, Gierschblätter, Kapuzinerkresse)
1 Kopfsalat oder gemischte Blattsalate

Für das Dressing:
80 ml Himbeer- oder Cranberryessig
10 g Honig · 5 EL Olivenöl
Pfeffer aus der Mühle · Salz

1 Am Vortag für die Brotschnecken beide Mehle, 1 TL Salz, das Olivenöl und die zerbröckelte Hefe in eine Schüssel geben. 340 ml lauwarmes Wasser dazugeben und alle Zutaten zu einem glatten Teig verarbeiten. Den Teig zugedeckt über Nacht kühl stellen oder im Warmen gehen lassen, bis sich sein Volumen verdoppelt hat.

2 Am nächsten Tag für die Frischkäsebällchen den Feta mit einer Gabel zerdrücken. Mit den übrigen Zutaten bis auf die Löwenzahnblütenblätter verrühren und zu kleinen Kugeln formen, dann in den Löwenzahnblütenblättern wälzen.

3 Den Hefeteig auf die Arbeitsfläche legen. Die Butter mit Salz, Pfeffer und den getrockneten Kräutern verrühren. Den Backofen auf 200 °C vorheizen. Den Teig zu einem etwa 5 mm dicken Rechteck ausrollen, mit der Kräuterbutter bestreichen und von der langen Seite her aufrollen. Die Rolle in Scheiben schneiden, in Muffinformen setzen und auf der mittleren Schiene im heißen Ofen etwa 25 Minuten backen. Dann herausnehmen und lauwarm abkühlen lassen.

4 Inzwischen für den Lachs die Wacholderbeeren und die Pfefferkörner grob zerkleinern. Die Lachsseite mit der Gewürzmischung und 2 EL Salz würzen und ziehen lassen. Ein unbehandeltes Holzbrett mehrere Stunden wässern. Ein Lagerfeuer schüren und den Fisch mit unverzinkten, etwa 10 cm langen Nägeln auf das gewässerte Brett nageln. Das Brett 20 bis 30 cm neben das Feuer stellen. Nach etwa 20 Minuten vorsichtig probieren, ob sich das Fleisch mit der Gabel leicht ablösen lässt. Dann ist der Lachs fertig.

5 Für den Salat die Wildkräuter und -blüten verlesen, waschen und trocken tupfen. Vom Kopfsalat die äußeren Blätter entfernen. Den Salat in die einzelnen Blätter teilen, waschen, trocken schleudern und in mundgerechte Stücke zupfen. Oder die gemischten Blattsalate waschen und trocken tupfen. Die Wildkräuter und die Salatblätter mischen.

6 Für das Dressing alle Zutaten mit 1 TL Salz und 70 ml Wasser mit dem Stabmixer mischen und aufschäumen. Den Salat kurz mit dem Dressing marinieren.

7 Den Salat auf Teller verteilen und die Frischkäsebällchen daraufsetzen. Den Lachs und die Brotschnecken daneben anrichten. Nach Belieben mit essbaren Blüten oder frittierten Brennnesselblättern garnieren.

Dinkelsalat

MIT ZIEGENKÄSE UND RADIESCHEN

Zutaten für 6 Personen

180 g Dinkelkörner
Salz
ca. 6 EL Verjus (Saft aus unreifen Trauben)
Pfeffer aus der Mühle
4–5 Frühlingszwiebeln
10 Radieschen
1 Handvoll Salatblätter (z. B. Lollo rosso, Radicchio, Rucola, Frisée, Spinat)
360 g Salzlakenkäse aus Ziegenmilch (ersatzweise ähnlicher Ziegenkäse)
ca. 6 EL Traubenkernöl
ca. 6 EL Traubensaft (nach Belieben)
Zucker
1 Handvoll essbare Blüten (z. B. Kapuzinerkresse, Gänseblümchen, Borretsch, Stiefmütterchen)

1 Die Dinkelkörner in einem Topf mit der doppelten Menge Salzwasser zugedeckt bei mittlerer Hitze etwa 45 Minuten bissfest garen. In ein Sieb abgießen, abschrecken und abtropfen lassen. In einer Schüssel mit 1 EL Verjus und etwas Salz und Pfeffer vermischen. Zugedeckt mindestens 1 Stunde im Kühlschrank ziehen lassen.

2 Die Frühlingszwiebeln und die Radieschen putzen und waschen. Die Frühlingszwiebeln in feine Ringe, die Radieschen in Spalten oder Scheiben schneiden. Die Salatblätter verlesen, waschen und trocken schleudern. Den Käse in Würfel, Streifen oder dünne Scheiben schneiden.

3 Restlichen Verjus, Traubenkernöl sowie etwas Salz und Pfeffer zu einem Dressing verrühren. Das Dressing nach Belieben mit Traubensaft verdünnen und mit Zucker abschmecken.

4 Die Salatblätter auf Tellern anrichten und mit etwas Dressing beträufeln. Das restliche Dressing mit Frühlingszwiebeln und Radieschen unter die Dinkelmischung mengen. Den Käse vorsichtig unterheben, nochmals mit Salz, Pfeffer und Zucker abschmecken und eventuell noch etwas Verjus und Öl dazugeben. Den Dinkelsalat auf den Tellern anrichten. Die Blüten waschen, trocken tupfen und auf den Salat geben. Mit frischem Dinkelbaguette servieren.

Bergische Heusuppe

NACH ALTER TRADITION

Zutaten für 6 Personen

500 g mehligkochende Kartoffeln
1 Zwiebel
2 Möhren
1 Stange Lauch
¼ Sellerieknolle
Salz
100 g Bacon
2 EL Mehl
250 ml Milch
½ l Rinderbrühe
250 g Sahne
2 Eigelb (Größe M)
Pfeffer aus der Mühle
frisch gemahlene Muskatnuss
Tabasco
frische Heukräuter und Blüten zum Garnieren (z. B. Kornblumen, Ringelblumen, Gänseblümchen, Giersch, Löwenzahn, Sauerampfer, Schafgarbe, Wiesenschaumkraut)

1 Das Gemüse putzen, schälen und waschen. Alles separat in kleine Würfel schneiden. Die Kartoffeln in einem Topf in Salzwasser 15 Minuten garen und anschließend abgießen.

2 Den Bacon ebenfalls klein schneiden und in einem zweiten Topf bei mittlerer Hitze andünsten. Zwiebeln, Möhren, Lauch und Sellerie hinzufügen und mitdünsten. Nach 10 Minuten Garzeit das Mehl unterrühren und mit der Milch ablöschen. Die angekochten Kartoffeln hinzugeben und mit der Rinderbrühe auffüllen.

3 Die Suppe nur wenig pürieren. Die Sahne halbsteif schlagen, die Eigelbe verquirlen und beides zur Suppe geben (nicht mehr kochen). Die Bergische Heusuppe mit Salz, Pfeffer, Muskatnuss und Tabasco abschmecken, in Suppentassen füllen und mit Heukräutern und Blüten garniert servieren.

Übrigens ... Das Bergische Land ist bekannt für seine nahrhaften und deftigen Eintöpfe. Auch heute noch bereitet man sie gern auf traditionelle Weise zu. Hochsaison hat die klassische Heusuppe natürlich zur Heuernte. Wenn die Kräuter frisch geschnitten und voll guter Inhaltsstoffe sind – und die Feldarbeitenden mit kräftigem Appetit zugreifen!

Von wegen Unkraut!

VIELE WILDKRÄUTER GENIESSEN OFT VÖLLIG ZU UNRECHT EINEN ZWEIFELHAFTEN RUF. DABEI SIND SIE BESONDERS REICH AN VITAMINEN UND MINERALSTOFFEN UND BRINGEN GERADE NACH DER KALTEN JAHRESZEIT IM FRÜHLING SCHWUNG IN DEN KREISLAUF UND AUF DEN TELLER.

Bärlauchsuppe mit Weißwein

Zutaten für 4–6 Personen

2 mittelgroße Zwiebeln *schälen und fein würfeln.* ***200 g Knollensellerie, 2 Möhren*** *und* ***2 mehligkochende Kartoffeln*** *putzen, schälen und ebenfalls würfeln.* ***200 g Bärlauch*** *waschen, trocken schütteln und in feine Streifen schneiden.* ***2 EL Butter*** *in einem Topf erhitzen, die Zwiebelwürfel darin glasig dünsten. Die Gemüsewürfel dazugeben,* ***1½ l Gemüsebrühe*** *und* ***200 ml trockenen Weißwein*** *angießen. Alles etwa 15 Minuten köcheln lassen.* ***400 g Sahne*** *steif schlagen. Die Suppe mit dem Stabmixer pürieren, mit* ***Salz*** *und* ***Pfeffer*** *abschmecken. Die Hälfte des Bärlauchs in die Suppe geben, 2 bis 3 Minuten ziehen lassen, dann die steif geschlagene Sahne unterziehen. Die Suppe auf Teller verteilen, mit den restlichen Bärlauchstreifen garnieren. Dazu passen frisches Weißbrot und ein trockener Weißwein.*

Jutta Kuhles

Cremige Brennnesselsuppe

Zutaten für 4 Personen

200 g Brennnesseln gründlich waschen, grobe Stiele entfernen und in einem Topf mit **600 ml kochendem Salzwasser** kurz blanchieren. In ein Sieb abgießen, dabei die Brennnesselbrühe auffangen. Die Brennnesseln kalt abschrecken und abtropfen lassen. **1 Zwiebel** schälen und fein würfeln. **3 EL Sonnenkernöl** und **1½ EL Butter** in einem Topf erhitzen, die Zwiebel darin andünsten. **1–2 EL Mehl** darüberstäuben, kurz anschwitzen. Mit der Brennnesselbrühe ablöschen und unter Rühren aufkochen. Die Brennnesseln hinzufügen und alles mit dem Stabmixer pürieren. **100 g Sahne** unterrühren und mit **Salz, Pfeffer, Muskatnuss** und nach Belieben **1 Schuss Himbeeressig** abschmecken. Die Suppe kurz vor dem Servieren erneut mit dem Stabmixer aufschäumen, auf tiefe Teller verteilen und mit **1 EL gehackter Petersilie** bestreuen. Mit **4 Kapuzinerkresseblüten** (je 1 auf jedem Teller) garniert servieren. Ein pochiertes Wachtelei in der Suppe ist ein toller Hingucker.

Uschi Wagner

„Die magische Neun" Kräutersuppe auf traditionelle Art

Zutaten für 6 Personen

2 Zwiebeln schälen und in feine Würfel schneiden. **Je 1 Handvoll Brennnesselspitzen, Gierschblätter, Bärlauch, Löwenzahn, Sauerampfer, Schafgarbe, Spitzwegerich, Vogelmiere** und **Taubnessel** verlesen, waschen, trocken schleudern und die Blätter abzupfen, dabei harte Stiele entfernen. **30 g Butter** in einem Topf erhitzen, die Zwiebelwürfel darin andünsten. **2 EL Dinkelmehl** darüberstäuben und zu einer Mehlschwitze verrühren. **1½ l Gemüsebrühe** nach und nach angießen und unterrühren. Nach Belieben **etwas Sahne/saure Sahne/Schmand/Milch** ergänzen. Die Flüssigkeit aufkochen, die Kräuter dazugeben und die Suppe bei schwacher Hitze etwa 10 bis 20 Minuten köcheln lassen. Die Kräuter sollten nicht dunkelgrün werden. Mit **Salz, Pfeffer** und **Muskatnuss** abschmecken.
Die Kräutersuppe auf Teller verteilen und mit **Gänseblümchen** garniert servieren.

Ursula Tigges

Rote Erdäpfelsuppe

MIT SCHWAMMERL UND SPECK

Zutaten für 4 Personen

Für die Suppe:
300 g rotfleischige Kartoffeln (z. B. Rote Emmalie)
1 Knoblauchzehe
1 kleines Stück Lauch
1 Möhre
1 Stück Knollensellerie
1 Petersilienwurzel
1 Rote Bete
Schmalz (z. B. vom Wollschwein)
1 l Brühe
Salz
Pfeffer aus der Mühle

Für die Einlage:
250 g Pfifferlinge
50 g Räucherspeck oder Schinken
1 Apfel
2 Zweige Thymian
1 EL Öl
1 EL Waldhonig
Salz
Pfeffer aus der Mühle

Außerdem:
Petersilienblätter zum Garnieren

1 Für die Suppe die Kartoffeln schälen, waschen und in Würfel schneiden. Den Knoblauch und die Gemüse putzen, waschen bzw. schälen und ebenfalls in Würfel schneiden.

2 Etwas Schmalz in einem großen Topf erhitzen, Knoblauch und die Gemüsewürfel darin andünsten. Die Kartoffeln dazugeben und ebenfalls andünsten. Die Brühe hinzufügen und die Gemüse mit geschlossenem Deckel bei mittlerer Hitze etwa 25 Minuten weich garen. Mit dem Stabmixer im Topf pürieren und mit Salz und Pfeffer abschmecken.

3 Während die Suppe kocht, für die Einlage die Pfifferlinge putzen, falls nötig, trocken abreiben und große Pilze halbieren. Den Speck oder Schinken in kleine Würfel schneiden. Den Apfel waschen, vierteln, entkernen und in kleine Würfel schneiden. Den Thymian waschen, trocken tupfen und die Blättchen abzupfen.

4 Das Öl in einer Pfanne erhitzen und Pilze, Speck oder Schinken und Thymian 5 Minuten darin braten. Die Apfelwürfel hinzufügen und 2 Minuten mitbraten. Den Honig dazugeben, alle Zutaten gut vermischen und mit Salz und Pfeffer abschmecken.

5 Die Suppe auf tiefe Teller verteilen und jede Portion mit etwas Einlage toppen. Die Suppe mit Petersilienblättern garnieren und servieren.

Weiße Kürbissuppe

MIT HAGEBUTTEN

Zutaten für 4–6 Personen

Für die Soße:
150 g Hagebutten
1 Zwiebel
1 Stange Staudensellerie
1 Bund Wildkräuter (z. B. Franzosenkraut, Bergknoblauch, Brennnessel, Schafgarbe)
1 EL Olivenöl
1 Knoblauchzehe
Meersalz
Rohrohrzucker
Chilipulver
Zitronensaft

Für die Suppe:
750 g weiße Patissonkürbisse (ersatzweise Zucchini)
2 Zwiebeln
2 EL Rapsöl
3 EL Apfelsaft
½ l warme Gemüsebrühe
Salz
Pfeffer aus der Mühle
frisch geriebene Muskatnuss
200 g Sahne
2 EL Kürbiskerne

1 Für die Hagebuttensoße die Hagebutten waschen, den Stiel und die Blüte entfernen. Die Zwiebel schälen und in feine Würfel schneiden. Den Sellerie putzen, waschen und würfeln. Das Kräuterbund waschen und trocken schütteln. Das Öl in einem Topf erhitzen und die Hagebutten und die Zwiebelwürfel darin andünsten. ½ l Wasser dazugießen, den Sellerie und das Kräuterbund dazugeben und alles bei schwacher Hitze etwa 30 Minuten köcheln lassen.

2 Das Kräuterbund entfernen und die Mischung mit dem Stabmixer fein pürieren. Durch ein Sieb in eine Schüssel streichen. Den Knoblauch schälen und dazupressen. Die Soße mit Meersalz, Rohrohrzucker, Chilipulver und Zitronensaft abschmecken.

3 Für die Suppe die Patissonkürbisse waschen, vierteln und die Kerne mit einem Löffel entfernen. Die Kürbisse in Würfel schneiden. Die Zwiebeln schälen und in Würfel schneiden. Das Öl erhitzen, die Zwiebeln dazugeben und hell andünsten. Den Apfelsaft zur Gemüsebrühe geben und die Mischung zu den Zwiebeln gießen. Die Kürbiswürfel dazugeben und bei schwacher Hitze etwa 20 Minuten weich garen.

4 Die Zutaten im Topf mit dem Stabmixer pürieren. Die Suppe mit Salz, Pfeffer und Muskatnuss abschmecken und die Sahne unterrühren. Die Kürbiskerne in einer Pfanne ohne Fett anrösten, mit etwas Salz würzen und grob hacken.

5 Die Suppe auf Teller verteilen, mit 1 Klecks Hagebuttensoße und den Kürbiskernen garnieren und sofort servieren.

Mein Tipp: Wenn Hagebutten gerade keine Saison haben oder wenn es mal schnell gehen soll, kann statt der Hagebuttensoße auch Hagebuttenkonfitüre (siehe Seite 86) verwendet werden.

Warmes Rindercarpaccio

IM PILZSUD

Zutaten für 6 Personen

Für den Pilzsud:
¼ Sellerieknolle
4 Knoblauchzehen
180 g getrocknete Pilze (z. B. 150 g Shiitake- und 30 g Steinpilze)
3 getrocknete Kombu-Algen
2 EL Honig
60 ml Sojasoße
1 TL Thymianblättchen
1 TL Petersilienblätter
200 g frische Pilze (z. B. Kräuterseitlinge, Shiitake, Steinpilze)
1–2 frische Douglasien- oder Tannenzweige (ca. 15 cm lang)
Shirodashi zum Abschmecken (siehe Tipp)

Für das Carpaccio:
250 g gut abgehangenes Rinderfilet (leicht angefroren)
Öl

Außerdem:
1 Birne zum Garnieren

1 Den Pilzsud 1 oder 2 Tage im Voraus zubereiten: Dafür den Sellerie gut putzen, waschen und ungeschält in grobe Stücke schneiden. Den Knoblauch schälen und in grobe Würfel schneiden. 3 Liter Wasser in einen Topf geben, Sellerie, Knoblauch, getrocknete Pilze, Alge, Honig, Sojasoße und Kräuter hinzufügen. Alles aufkochen und mit geschlossenem Deckel etwa 3 Stunden köcheln lassen. Gegebenenfalls nochmal etwas Wasser dazugeben (die getrockneten Pilze ziehen viel Flüssigkeit). Den Sud kühl stellen und 12 bis 24 Stunden ziehen lassen.

2 Am Zubereitungstag den Sud durch ein Sieb in einen Topf gießen und auf etwa 1,2 l einkochen (falls nötig, etwas Wasser dazugeben). Die frischen Pilze putzen, trocken abreiben und bis auf 4 Stück in Scheiben schneiden. Die ganzen Pilze zum Garnieren beiseitelegen. Die Douglasien- oder Tannenzweige waschen. Den Sud erneut erhitzen, Pilzscheiben und Zweige dazugeben und alles 30 Minuten köcheln lassen. Den Sud wieder durch ein Sieb gießen und mit Shirodashi abschmecken.

3 Für das Carpaccio das leicht angefrorene Filet mit einem großen, scharfen Messer in dünne Scheiben schneiden. Die Scheiben zwischen zwei aufgeschnittene und eingeölte Gefrierbeutel legen und mit der Hand oder mit einem Topf ganz flach drücken. Die beiseitegelegten Pilze in dünne Scheiben schneiden. Die Birne waschen, vierteln, entkernen und die Viertel ebenfalls in dünne Scheiben schneiden.

4 Jeweils mehrere Scheiben Carpaccio überlappend in sechs tiefen Tellern anrichten. Ruhen lassen, bis das Fleisch Zimmertemperatur hat, dann zum Garnieren je einige Pilz- und Birnenscheiben auf das Carpaccio legen. Nach Belieben mit Schnittlauchröllchen bestreuen. Die Teller mit dem Carpaccio auf den Tisch stellen und den heißen Pilzsud extra in einem Gefäß dazustellen. Den Pilzsud heiß über das Carpaccio gießen, so wird das Fleisch ganz leicht gegart.

Mein Tipp: Shirodashi ist ein japanischer Sud aus Fisch, Algen, Pilzen und Sojasoße. Man bekommt ihn im Asialaden. Da Shirodashi sehr würzig ist, nur teelöffelweise vorsichtig damit abschmecken. Ersatzweise kann für den Pilzsud auch Fischsoße oder Salz verwendet werden.

Wildkraftbrühe mit Sherry

Etwa 1 kg Rehnacken, Bauchlappen *oder* ***Rippen*** *(für etwa 2 l Brühe) waschen und zerkleinern.* ***1 Zwiebel*** *und* ***1 Bund Suppengemüse*** *putzen, waschen bzw. schälen und in Stücke schneiden. Das Fleisch in* ***50 g Margarine*** *kräftig anbraten. Zwiebel, Suppengemüse,* ***1 Lorbeerblatt, 2 Gewürznelken, 5 schwarze Pfefferkörner*** *und* ***5 Wacholderbeeren*** *dazugeben. Mit etwa 1 l Wildbrühe aufgießen. Bei schwacher Hitze mit geschlossenem Deckel 2 bis 3 Stunden köcheln lassen. Mit* ***Salz*** *abschmecken. Die Brühe absieben, mit* ***2–3 EL Sherry*** *und* ***Pfeffer*** *abschmecken. Das Fleisch abkühlen lassen, vom Knochen lösen und anderweitig verwenden. Als Suppeneinlage eignen sich Pilze und Petersilie.*

Wildstrudel

MIT PFIFFERLINGEN UND SCHALOTTEN-ROTWEIN-SOSSE MIT FELDSALAT

Zutaten für 6 Personen

Für den Strudel:
6 Platten tiefgekühlter Blätterteig
Wildfleisch aus der Kraftbrühe (siehe S. 40)
400–500 g Wildbret
100 g magerer geräucherter Speck
1 große Zwiebel
Fett zum Braten
1 große Handvoll Petersilie
100 g Pfifferlinge
3 Eier (Größe M)
5 EL Sahne
5 EL Weinbrand
5 EL Madeira
5 EL Paniermehl
Salz · frisch geriebene Muskatnuss
½ TL Paprikapulver
1 verquirltes Eigelb zum Bestreichen

Für die Soße:
2 Schalotten
1 Bio-Orange
¼ l Rotwein
2 Gewürznelken
250 g Johannisbeergelee
2 TL Senf
Salz · Pfeffer aus der Mühle

Für den Salat:
300 g Feldsalat
1 Frühlingszwiebel
1–2 Knoblauchzehen
1 Handvoll Petersilie
2 EL Weißweinessig
1 TL Honig · 2 TL Senf
6 EL Olivenöl
Salz · Pfeffer aus der Mühle
Zucker

1 Für den Wildstrudel den Blätterteig auftauen lassen. Das Fleisch aus der Brühe vom Knochen lösen und in sehr feine Würfel schneiden. Das Wildbret ebenfalls fein schneiden und den Speck in feine Würfel schneiden. Die Zwiebel schälen und in feine Würfel schneiden. Das Fett in einer Pfanne erhitzen, Fleisch, Wildbret, Räucherspeck und Zwiebel darin kräftig anbraten. Die Petersilie waschen und trocken schütteln, die Blätter abzupfen und hacken. Die Pfifferlinge putzen, trocken abreiben und klein schneiden. Petersilie und Pfifferlinge zum Fleisch geben und mitdünsten.

2 Die Eier mit Sahne, Weinbrand, Madeira und Paniermehl verrühren und mit Salz, Muskatnuss und Paprikapulver würzen. Die Mischung zum Wildfleisch geben und alle Zutaten gut verrühren. Den Backofen auf 220 °C vorheizen. Die Blätterteigplatten leicht überlappend zu einem Rechteck zusammenlegen. Die Ränder mit verquirltem Eigelb bestreichen. Die Strudelmasse auf den Teig streichen, etwas andrücken und den Teig vorsichtig aufrollen. Mit Eigelb bestreichen.

3 Den Strudel auf ein mit Backpapier belegtes Blech geben und im heißen Ofen auf der mittleren Schiene 20 bis 25 Minuten backen.

4 Inzwischen für die Soße die Schalotten schälen und in feine Würfel schneiden. Die Orange waschen und trocken reiben, die Schale in sehr dünnen Streifen abschneiden. Schalotten, Orangenschale, Rotwein und Gewürznelken in einem Topf kurz aufkochen, etwas abkühlen und durchsieben. Das Gelee und den Senf unterrühren, die Soße mit Salz und Pfeffer abschmecken.

5 Für den Salat den Feldsalat verlesen, waschen und trocken schleudern. Die Frühlingszwiebel putzen und waschen, den Knoblauch schälen und beides in sehr feine Würfel schneiden. Die Petersilie waschen und trocken schütteln, die Blätter abzupfen und fein hacken. Essig, Honig, Senf, Olivenöl, Salz, Pfeffer und 1 Prise Zucker zu einem Dressing verrühren.

6 Den Strudel aus dem Ofen nehmen, kurz ruhen lassen und vorsichtig in Scheiben schneiden. Mit etwas Soße auf Teller geben, den Feldsalat daneben anrichten, die Petersilie darüberstreuen und den Salat mit je 2 EL Dressing beträufeln.

Gebeizte Lachsforelle

MIT SPARGEL UND WILDKRÄUTERPESTO

Zutaten für 6 Personen

Für die Lachsforelle:
ca. 400 g Lachsforellenfilets (mit Haut)
2 Stiele Dill
2 Blätter Zitronenmelisse
40 g Salz
40 g Zucker
Pfeffer aus der Mühle
1 Bio-Zitrone

Für den Spargel:
500 g weißer Spargel
40 g Salz
40 g Zucker
ca. 2 EL Öl

Für das Wildkräuterpesto:
50 g Mandeln
50 g Wildkräuter (z. B. Bärlauch, Spitzwegerich, Gänsefingerkraut, Pimpinelle, Gundermann, Giersch, Brennnessel, Vogelmiere, Löwenzahn, Schafgarbe)
100 ml Öl (z. B. Olivenöl)

1 Die Fischfilets waschen, trocken tupfen und, falls nötig, Gräten entfernen. Die Filets auf der Hautseite nebeneinander auf Frischhaltefolie legen. Dill und Zitronenmelisse waschen, trocken tupfen und fein hacken. Mit Salz, Zucker und etwas Pfeffer mischen. Die Zitrone heiß waschen, trocken reiben und in Scheiben schneiden. Den Fisch mit der Kräutermischung bestreuen, mit Zitronenscheiben belegen und in die Frischhaltefolie wickeln. In eine Auflaufform legen und beschweren, z. B. mit einem Teller oder Konservendosen. Etwa 5 Stunden im Kühlschrank ziehen lassen.

2 Inzwischen den Spargel schälen, die holzigen Enden abschneiden. Die Stangen in 2 cm lange Stücke schneiden, mit Salz und Zucker mischen und zugedeckt im Kühlschrank mehrere Stunden ziehen lassen.

3 Für das Pesto die Mandeln in einer Pfanne ohne Fett anrösten. Die Kräuter verlesen, waschen und von groben Stielen befreien, einige zum Garnieren beiseitelegen. Trocken schleudern und mit Mandeln und Öl im Mixer fein pürieren.

4 Vom Spargel die Flüssigkeit abgießen. Das Öl in einer Pfanne erhitzen und den Spargel darin rundum etwa 5 Minuten anbraten. Inzwischen den Fisch auswickeln und die Haut abziehen. Die Filets in 1 ½ cm breite Streifen schneiden. Den Fisch mit Spargel und Wildkräuterpesto auf Tellern anrichten. Mit Kräutern dekorieren.

Lachs-Spinat-Rolle

UND BRENNNESSEL-FETA-STANGEN

Zutaten für 4 Personen

Für die Brennnessel-Feta-Stangen (10–12 Stück):

1 Zwiebel
80 g Brennnesseln
1 EL Butter
200 g Feta (Schafskäse)
500 g Mehl
½ TL Salz
30 g frische Hefe
2 EL Rapsöl

Für die Lachs-Spinatrolle:

4 Eier (Größe M)
100 g geriebener Emmentaler
1 Knoblauchzehe
200 g TK-Blattspinat (aufgetaut)
100 g geriebener Parmesan
60 g Pinienkerne
200 g Frischkäse
3 EL Basilikum- oder Wildkräuterpesto (z. B. siehe S. 43)
Salz
Pfeffer aus der Mühle
250 g Räucherlachs

1 Für die Brennnessel-Feta-Stangen die Zwiebel schälen und fein würfeln, die Brennnesseln waschen und mit Einweghandschuhen fein schneiden. Zwiebel und Brennnesseln in der Butter kurz anbraten und abkühlen lassen. Den Feta zerkrümeln und untermischen.

2 Aus Mehl, Salz, zerkrümelter Hefe und ¼ l lauwarmem Wasser einen Teig zubereiten, die Fetamischung unterheben und 45 Minuten gehen lassen. In 10 bis 12 Portionen teilen und zu Stangen formen. Mit Öl bestreichen, kurz gehen lassen. Inzwischen den Backofen auf 180 °C vorheizen und die Stangen 25 bis 30 Minuten backen. Nochmals mit Öl bestreichen.

3 Für die Lachs-Spinat-Rolle die Eier trennen, die Eiweiße zu steifem Schnee schlagen. Eigelbe, Emmentaler, gepressten Knoblauch und Spinat vorsichtig unterheben. Ein Backblech mit Backpapier belegen und den Parmesan dick daraufstreuen. Die Masse darauf verteilen und im Ofen bei 180 °C 10 Minuten goldbraun backen. Auskühlen lassen.

4 Die Pinienkerne in einer Pfanne ohne Fett rösten. Den Frischkäse mit Pesto, Salz und Pfeffer würzen. Den Teig mit dem Lachs belegen und mit Pinienkernen bestreuen. Fest aufrollen und in Frischhaltefolie gewickelt mindestens 2 Stunden kühl stellen. In Scheiben schneiden, mit Brennnessel-Feta-Stangen servieren.

Zucchiniröllchen

MIT MINZE-KRÄUTER-SOSSE

Zutaten für 4 Personen

Für die Soße:
½ Salatgurke
100 g Naturjoghurt
1 Tomate
8 Beinwellknospenstände (ersatzweise Spitzwegerichstände; zum Garnieren)
3 kleine Beinwellblätter (ersatzweise Wildkräuter wie Giersch, Löwenzahn, Spitzwegerich; je 4 Blätter)
8 Minzeblätter

Für die Zucchiniröllchen:
1 große Zucchini
1 Zitrone
1 Knoblauchzehe
1 TL Kräutersalz
Würzpfeffer (ersatzweise Pfeffer aus der Mühle)
Mehl zum Panieren
Öl oder Butterschmalz zum Braten

1 Für die Soße die Gurke waschen. Ein Drittel der Gurke mit dem Joghurt im Mixer pürieren. Die restliche Gurke in feine Würfel schneiden. Die Tomate waschen und ebenfalls in feine Würfel schneiden, dabei den Stielansatz entfernen. Die Kräuter waschen und trocken tupfen. Die dicke Mittelrippe der Beinwellblätter mit einem scharfen Messer herausschneiden und die Blätter in feine Streifen schneiden. Die Minze klein schneiden.

2 Alle Zutaten gut mischen. (Die Kräutersoße kann alternativ auch mit Wildkräutern zubereitet werden. Dafür die Wildkräuter von den Stielen befreien und statt dem Beinwell unter die restlichen Zutaten mischen.) Die Soße zugedeckt etwa 30 Minuten kühl stellen.

3 Für die Zucchiniröllchen die Zucchini putzen, waschen und längs in 8 dünne Scheiben schneiden. Die Zitrone auspressen. Den Knoblauch schälen und durch die Presse drücken. Zitronensaft, Knoblauch, Kräutersalz und Würzpfeffer verrühren.

4 Die Zucchinischeiben im gewürzten Zitronensaft wenden und anschließend im Mehl panieren. Das Öl oder Butterschmalz in einer Pfanne erhitzen und die panierten Zucchinischeiben darin goldgelb braten, dabei mehrmals wenden. Die Zucchinischeiben aus der Pfanne nehmen und mit den Fingern oder einer Gabel zu Röllchen drehen – Vorsicht, sie sind sehr heiß!

5 Die Zucchiniröllchen auf Teller verteilen und die Minze-Kräuter-Soße dazu servieren.

Rettich-Cannelloni

MIT ZWEIERLEI FÜLLUNGEN

Zutaten für 4 Personen

500 g weißer Rettich
2 EL Zitronensaft
2 EL Puderzucker
Salz
200 g Räucherlachs
400 g Frischkäse
1 EL geriebener Meerrettich
2 EL gehackter Dill
100 g Erbsen (tiefgekühlt)
2 Handvoll Vogelmiere (nur die Spitzen, ggf. mit Blüten)
1 hart gekochtes Ei (Größe M)
Pfeffer aus der Mühle
frisch geriebene Muskatnuss
Schabzigerklee (gemahlen)
Wildkräuter (z. B. Taubnessel, Vogelmiere, Sauerampfer, Spitzwegerich)
Crema di balsamico

1 Den Rettich putzen, schälen und in möglichst 15 cm lange dünne Streifen schneiden oder hobeln. Zitronensaft, Puderzucker und etwas Salz mischen und die Scheiben darin etwa 20 Minuten marinieren, damit sie weich und biegsam werden.

2 Für die Dill-Lachs-Füllung den Lachs mit 200 g Frischkäse und dem Meerrettich im Mixer fein pürieren und den Dill unterrühren.

3 Für die Vogelmiere-Erbsen-Füllung die Erbsen in 3 Tassen kochendem Salzwasser 3 Minuten garen. Abgießen und dabei die Kochflüssigkeit auffangen. Die Erbsen und etwas Sud mit dem Stabmixer fein pürieren und abkühlen lassen. Die Vogelmiere waschen und trocken schleudern. Das gepellte Ei und die Vogelmiere fein hacken und mit dem restlichen Frischkäse unter die Erbsen rühren. Mit Salz, Pfeffer, Muskatnuss und 1 Prise Schabzigerklee abschmecken.

4 Für die Cannelloni den Rettich leicht abtupfen. Auf das Ende eines Rettichstreifens etwa 1 EL Creme geben und fest einrollen. Sobald die Scheiben überlappen, den überstehenden Teil abschneiden. Nach und nach die beiden Füllungen zu gleich viel Röllchen verarbeiten. Mit der Nahtstelle nach unten auf Teller verteilen und mit gewaschenen Wildkräutern und Crema di balsamico garnieren. Nach Belieben mit geröstetem Brot servieren.

Kalbsleberwurstpastete

MIT EISWEINGELEE UND RINGELBLUMENBUTTER

Zutaten für 6 Personen

Für das Gelee:
12 Blatt Gelatine (ersatzweise Agar-Agar)
375 ml Scheurebe-Eiswein (ersatzweise Beerenauslese oder anderer Eiswein)

Für die Butter:
200 g weiche Butter
grobes Salz
1 Msp. Currypulver
2 Ringelblumenblüten

Für die Pastete:
½ Brötchen
100 ml Dornfelder Rotwein
70 g gehackte Haselnüsse
4 Ringelblumenblüten
4 Zweige Lavendel (mit Blüten)
225 g feine Kalbsleberwurst
1 Ei (Größe M)
Salz
1 Stiel Petersilie oder etwas Portulak

1 Am besten am Vortag für das Gelee die Gelatine 10 Minuten in kaltem Wasser einweichen. Dann tropfnass in einem Topf erwärmen und den Eiswein vorsichtig mit einem Kochlöffel unterrühren. Die Flüssigkeit in sechs Portionsförmchen gießen und mindestens 12 Stunden im Kühlschrank gelieren lassen.

2 Die Butter mit 1 Prise grobem Salz und Currypulver verrühren. Die Ringelblumenblüten kalt abbrausen, gut trocken schütteln. Die Blütenblätter abzupfen, klein schneiden und unter die Butter mengen. Die Buttermasse in Frischhaltefolie zu einer Rolle formen und bis zum Servieren kühl stellen.

3 Für die Pastete das Brötchen in dem Wein einweichen. Die Haselnüsse in einer Pfanne ohne Fett leicht rösten. Die Ringelblumen- und die Lavendelblüten kalt abbrausen und trocken tupfen, die Lavendelblüten von den Zweigen zupfen. Alle Blüten klein hacken.

4 Den Backofen auf 80 °C vorheizen. Die Kalbsleberwurst mit dem Ei in eine Schüssel geben. Das Brötchen ausdrücken und hinzufügen. Alles mit der Gabel vermischen, dann die Hälfte der gehackten Blüten und 60 g Haselnüsse gut untermengen. Die Masse mit Salz würzen und in eine Pastetenform (etwa 500 ml Inhalt) füllen und die Form mit einem Deckel oder mit Alufolie verschließen. Die Pastete im heißen Ofen auf der mittleren Schiene 1 ½ Stunden trocknen lassen. Anschließend die Pastete im Ofen abkühlen lassen.

5 Die Petersilie oder den Portulak waschen und trocken schütteln, die Blätter abzupfen und hacken. Die Pastete aus der Form stürzen und in Scheiben oder Würfel schneiden. Auf Tellern anrichten und mit den restlichen Haselnüssen, Blüten und Petersilie oder Portulak garnieren. Das Eisweingelee mit einem Messer vorsichtig aus den Förmchen lösen und auf die Teller stürzen. Die Butter aus der Folie wickeln, in Scheiben schneiden und ebenfalls auf die Teller verteilen. Dazu passt Hefezopf.

Allgäuer Kräutermaultäschle

MIT RADIESCHENSALAT

Zutaten für 4 Personen

Für die Maultaschen:
4 Eier (Größe M)
1 EL Öl
250 g Mehl
Salz
250 g Spinat mit Zwiebeln (tiefgekühlt)
1 Semmel (vom Vortag)
75 ml lauwarme Milch
1 Zwiebel
1 EL Butter
250 g Hackfleisch
2 EL gehackte Kräuter (z. B. Bärlauch, Kerbel, Liebstöckel)
Pfeffer aus der Mühle
Chilisalz
Streuwürze
1 TL getrockneter Majoran
2 EL Butterschmalz

Für den Radieschensalat:
2 Bund Radieschen
1 Handvoll Gänseblümchen
1 EL weißer Balsamico
1 EL Himbeeressig
1 Schuss Apfelsaft
3 EL Öl
Salz
Pfeffer aus der Mühle
Zucker
Streuwürze
1 TL Senf

Außerdem:
Mehl für die Arbeitsfläche
geriebener Bergkäse zum Bestreuen
2 EL Schnittlauchröllchen

1 Für die Maultaschen 1 Ei trennen. Das Eiweiß verquirlen und beiseitestellen. Das Eigelb, die restlichen Eier und das Öl mit Mehl und 1 Prise Salz zu einem glatten, elastischen Teig verkneten. In Frischhaltefolie wickeln, 30 Minuten ruhen lassen.

2 Für die Füllung den Spinat in einer Schüssel auftauen lassen. Die Semmel in Würfel schneiden und in der Milch einweichen. Die Zwiebel schälen und in feine Würfel schneiden.

3 Die Butter in einer Pfanne erhitzen und die Zwiebel darin andünsten. Zwiebel, Hackfleisch, Kräuter und die Semmel zum Spinat geben und gut mischen. Mit Salz, Pfeffer, Chilisalz, Streuwürze und Majoran würzen.

4 Den Nudelteig auf der bemehlten Arbeitsfläche dünn ausrollen und in etwa 10 cm breite Bahnen schneiden. Die Füllung in kleinen Häufchen auf der Hälfte der Bahnen verteilen. Die Ränder mit Eiweiß bestreichen. Die restlichen Bahnen darüberlegen und um die Füllung herum andrücken. Mit einem Ausstecher Herzen oder Blumen ausstechen.

5 Für den Radieschensalat die Radieschen putzen, waschen und in Scheiben schneiden. Die Gänseblümchenblüten abzupfen. Die restlichen Zutaten zu einem Dressing verrühren.

6 In einem großen Topf reichlich Salzwasser aufkochen. Die Maultaschen hineingeben und bei schwacher Hitze etwa 5 Minuten garen, bis sie an der Oberfläche schwimmen.

7 Die Maultaschen mit dem Schaumlöffel herausnehmen und kurz abtropfen lassen. Das Butterschmalz in einer großen Pfanne erhitzen und die Maultaschen darin rundum kurz braten.

8 Die Radieschen mit dem Dressing marinieren und die Gänseblümchenblüten untermischen. Die Kräutermaultaschen mit dem Radieschensalat auf Tellern anrichten. Mit Bergkäse und Schnittlauch bestreut servieren.

Kräuterknödel

MIT ZITRONEN-KAPERN-SOSSE

Zutaten für 4 Personen

½ Baguette (vom Vortag)
350 ml Milch
1 Zwiebel
3 EL Butter
½ Bund Petersilie (oder 1 Handvoll Giersch oder Bärlauch)
2 Eier (Größe M)
160 g Mehl
1 EL Speisestärke
Salz
Pfeffer aus der Mühle
200 ml Gemüsebrühe
1 Lorbeerblatt
3–4 TL Kapernäpfel
3 EL Balsamico bianco
1 TL abgeriebene unbehandelte Zitronenschale
2 EL Butterschmalz
Kräuter und Blüten zum Garnieren (z. B. Giersch, Gundermann, Zitronenmellisse, Stiefmütterchen, Kapuzinerkresse)

1 Das Baguette in kleine Würfel schneiden und in eine Schüssel geben. 200 ml Milch darübergießen und das Brot etwa 5 Minuten ziehen lassen.

2 Die Zwiebel schälen, in feine Würfel schneiden. In einer Pfanne 1 EL Butter erhitzen und die Zwiebel darin glasig dünsten. Die Kräuter waschen, trocken schütteln und fein hacken. Mit den Zwiebelwürfeln zum Brot geben. Eier, 150 g Mehl und Speisestärke dazugeben, gut verkneten und mit Salz und Pfeffer würzen.

3 Aus der Brotmasse mit angefeuchteten Händen 8 Knödel formen. In einem großen Topf reichlich Salzwasser aufkochen. Die Knödel hineingeben und bei schwacher Hitze leicht siedend etwa 20 Minuten garen.

4 Die übrige Butter in einem Topf erhitzen und das restliche Mehl darin anschwitzen. Die Brühe und die übrige Milch unter Rühren angießen. Die Soße mit Salz und Pfeffer würzen. Lorbeerblatt, Kapernäpfel und Essig hinzufügen und 3 bis 5 Minuten köcheln lassen. Mit Salz, Pfeffer und Zitronenschale abschmecken.

5 Die Knödel vorsichtig aus dem Wasser heben, kurz abtropfen lassen und in dicke Scheiben schneiden. Das Butterschmalz in einer Pfanne erhitzen und die Knödel darin auf beiden Seiten goldbraun anbraten. Auf Teller verteilen, mit der Zitronen-Kapern-Soße anrichten und mit Kräutern und Blüten garnieren. Dazu passt Salat.

Mini-Quiche

MIT BUNTEM SALAT

Zutaten für 6 Personen

Für den Grünkernsalat:
250 g Grünkern
2 Knoblauchzehen · 1 Zwiebel
ca. 1 l Gemüsebrühe
5 rote Zwiebeln
300 g kernlose weiße Trauben
250 g mittelalter würziger Gouda
100 g gehackte Walnüsse
Salz · Pfeffer aus der Mühle
½ TL gemahlener Kardamom
50–100 ml Essig · 3 EL Zitronensaft
½ TL Pfefferminzsirup (nach Belieben)

Für die Mini-Quiches:
200 g Mehl · 100 g weiche Butter
1 Ei (Größe M)
1 Bund Frühlingszwiebeln
6 große Tomaten
200 g Feta (Schafskäse)
2 Knoblauchzehen
je 3 Zweige Thymian und Rosmarin
250 g Crème fraîche
Salz · Pfeffer aus der Mühle
Mehl für die Arbeitsfläche
getrocknete Hülsenfrüchte zum Blindbacken

Für den Ackersalat:
500 g Feldsalat · 100 g Rucola
2 Handvoll Wildkräuter und essbare Blüten (z. B. Sauerampfer, Schafgarbe, Löwenzahn, Ringelblumenblüten, Stiefmütterchen)
2 Frühlingszwiebeln
3 EL Balsamico bianco
Salz · Pfeffer aus der Mühle
2 EL Walnussöl

1 Für den Grünkernsalat den Grünkern mit kaltem Wasser bedeckt 12 Stunden einweichen, am besten über Nacht. Knoblauch und Zwiebel schälen und in kleine Würfel schneiden. Den Grünkern in ein Sieb abgießen und mit Knoblauch sowie Zwiebel in einem Topf mit Brühe bedecken. Zum Kochen bringen und bei schwacher Hitze etwa 40 Minuten weich garen. Vom Herd nehmen und abkühlen lassen. Die roten Zwiebeln schälen, die Trauben waschen. Zwiebeln, Trauben und Gouda in sehr kleine Würfel schneiden und mit den Walnüssen unter den Grünkern mischen. Mit Salz, Pfeffer, Kardamom, Essig und Zitronensaft abschmecken. Nach Belieben den Sirup untermischen und den Salat etwa 1 Stunde durchziehen lassen.

2 Für die Quiches das Mehl mit Butter und Ei zu einem glatten Teig verkneten. Den Teig in Frischhaltefolie gewickelt mindestens 1 Stunde kühl stellen. Inzwischen für den Belag die Frühlingszwiebeln putzen, waschen und klein schneiden. Die Tomaten waschen und klein schneiden, dabei die Stielansätze entfernen. Den Feta klein schneiden. Den Knoblauch schälen und durch die Presse drücken. Thymian und Rosmarin waschen und trocken schütteln, Blätter bzw. Nadeln abzupfen und klein hacken. Die vorbereiteten Zutaten in einer Schüssel mit der Crème fraîche vermischen, mit Salz und Pfeffer abschmecken und zugedeckt 15 Minuten kühl stellen.

3 Den Backofen auf 160 °C vorheizen. Sechs Tarteletteförmchen bereitstellen. Den Teig in 6 gleich große Portionen teilen und auf der bemehlten Arbeitsfläche etwas größer als die Förmchen ausrollen. Die Förmchen mit Teig auslegen, überstehende Teigränder abschneiden. Den Teig mit Backpapier belegen, mit Hülsenfrüchten auffüllen und im heißen Ofen auf der mittleren Schiene etwa 15 Minuten blindbacken. Herausnehmen und das Backpapier mit den Hülsenfrüchten entfernen. Die Füllung in die Teigkrusten füllen. Im heißen Ofen weitere 15 Minuten goldbraun backen.

4 Inzwischen für den Ackersalat Feldsalat und Rucola verlesen, putzen, waschen und trocken schleudern. Wildkräuter und Blüten putzen bzw. verlesen, kalt abbrausen und trocken schütteln. Die Frühlingszwiebeln putzen, waschen und in feine Ringe schneiden. Den Essig mit Salz und Pfeffer verrühren.

5 Den Grünkernsalat in Schälchen füllen. Salate, Wildkräuter und Blüten auf Teller verteilen, mit Essig sowie Walnussöl beträufeln und mit Frühlingszwiebelringen garnieren. Die Quiches aus dem Ofen nehmen, aus den Förmchen lösen, auf die Teller setzen und warm servieren.

Hauptspeisen

DIE GANZE VIELFALT DER AROMEN VON KRÄUTERN, BEEREN UND PILZEN GIBT ES HIER ZU FLEISCH, FISCH UND VEGETARISCHEN SPEISEN.

Angeräucherte Gänsebrust

MIT HOLUNDERSOSSE, BRUNNENKRESSE-KARTOFFEL-PÜREE UND SPITZKOHL

Zutaten für 6 Personen

Für die Soße:
5 Gänseknochen (von Flügel, Hals oder Karkasse)
2 große Gemüsezwiebeln
½ Knollensellerie
3 Möhren · ½ Stange Lauch
2 EL Öl · 2 EL Tomatenmark
2 EL Zucker · 2 EL Aceto balsamico
¾ l Rotwein · ¼ l Gänsefond
5 Wacholderbeeren · 3 Gewürznelken
1 Handvoll Pfefferkörner
5 Korianderkörner
4 Lorbeerblätter
4 Zweige Thymian
1 Zweig Rosmarin
2 EL dunkler Soßenbinder
2 EL Holundersaft
Salz · Pfeffer aus der Mühle
200 g Holunderbeeren

Für die Gänsebrust:
2 angeräucherte Gänsebrüste (à ca. 1,3 kg)
1 Tasse Weißwein

Für das Püree:
1½ kg festkochende Kartoffeln
Salz · 1 TL Kümmelsamen
160 g Butter · Pfeffer aus der Mühle
frisch geriebene Muskatnuss
200 g Brunnenkresse
300 ml lauwarme Milch

Für den Spitzkohl:
1 großer Spitzkohl
2 kleine Zwiebeln · 50 g Butter
Salz · frisch geriebene Muskatnuss
250 g Sahne · Pfeffer aus der Mühle

1 Für die Soße den Backofen auf 180 °C vorheizen. Die Knochen waschen, trocken reiben und auf einem Backblech im Ofen auf der mittleren Schiene anrösten. Die Zwiebeln schälen und in feine Würfel schneiden. Den Sellerie und die Möhren putzen, schälen und ebenfalls in Würfel schneiden. Den Lauch putzen, waschen und klein schneiden.

2 Das Öl in einem Topf erhitzen und die Zwiebeln sowie das Gemüse darin glasig dünsten. Das Tomatenmark dazugeben und den Zucker darüberstreuen. Alles bei starker Hitze rösten und mit dem Essig ablöschen. Wein, Gänsefond, Geflügelknochen, etwa 150 ml Wasser, Gewürze und Kräuterzweige dazugeben. Alles vermischen und bei schwacher Hitze offen 3 bis 4 Stunden köcheln lassen. Bei Bedarf noch etwas Wasser dazugeben.

3 Inzwischen die Gänsebrust auf ein tiefes Backblech legen, den Wein und 100 bis 150 ml Wasser dazugeben und im heißen Ofen bei 160 °C Umluft etwa 2½ Stunden garen.

4 Für das Püree die Kartoffeln schälen, waschen und in Salzwasser mit dem Kümmel weich garen. Das Wasser abgießen und die Kartoffeln stampfen. Die Butter mit Salz, Pfeffer und Muskatnuss würzen und unter die Kartoffeln rühren. Die Brunnenkresse waschen und trocken tupfen. Mit der Milch im Mixer pürieren und unter den Kartoffelstampf mischen. Warm halten.

5 Die Soße durch ein Sieb in einen Topf gießen und das Gemüse dabei ausdrücken. Den Soßenbinder und den Holundersaft unter die Soße mischen, mit Salz und Pfeffer abschmecken und auf ein Drittel reduzieren. Zum Schluss die Holunderbeeren unterrühren und die Soße warm halten.

6 Vom Spitzkohl die äußeren Blätter entfernen, den Kohl vierteln und den harten Strunk entfernen. Den Kohl in schmale Streifen schneiden. Die Zwiebeln schälen und in feine Würfel schneiden. Die Butter in einer Pfanne erhitzen und die Zwiebeln darin andünsten. Den Kohl dazugeben, mit Salz und Muskatnuss würzen und bei geschlossenem Deckel etwa 10 Minuten dünsten. Die Sahne untermischen und das Gemüse mit Salz und Pfeffer abschmecken.

7 Die Soße auf Teller geben und das Püree darauf verteilen. Den Spitzkohl daneben anrichten und die in Scheiben geschnittene Gänsebrust auf Soße und Püree anrichten.

Schweinerückenbraten

IN HONIG-ZITRONEN-MARINADE MIT SPARGEL UND GRÜNER SOSSE

Zutaten für 6 – 8 Personen

Für den Schweinerückenbraten:
5 Stiele Koriander
1 Knoblauchzehe + 1 weitere nach Belieben
8 EL Rapsöl
2 EL Sojasoße
4 EL flüssiger Honig
4 EL Zitronensaft
2 EL mittelscharfer Senf
2 kg ausgelöster Schweinerücken
Salz
Buchenholzspäne zum Räuchern

Für die grüne Soße:
je 1 kleines Bund Petersilie, Schnittlauch, Kerbel und Kresse
je einige Stiele Borretsch, Pimpinelle, Dill und Sauerampfer
250 g saure Sahne
1 EL Naturjoghurt
3 EL Sahne
1 TL mittelscharfer Senf
1 EL Zitronensaft
Salz · Pfeffer aus der Mühle
1 kleine Zwiebel
2 hart gekochte Eier (Größe M)

Für das Spargelgemüse:
600 g weißer Spargel
600 g grüner Spargel
Salz
Zucker
2 EL Butter

Für die Kartoffeln:
1 kg Drillinge
Salz · 2 EL Butter
2 EL gehackte Petersilie

1 Am Vortag für die Marinade den Koriander waschen und trocken schütteln, die Blätter abzupfen und fein hacken. Den Knoblauch in feine Würfel schneiden, 1 Zehe mit Koriander, Öl, Sojasoße, Honig, Zitronensaft und Senf verrühren. Den Schweinerücken rundum mit der Marinade bestreichen und zugedeckt 24 Stunden ziehen lassen.

2 Am nächsten Tag das Fleisch an der Oberseite quer leicht einritzen, in jeden Spalt etwas Salz und nach Belieben den übrigen Knoblauch geben. Den Smoker mit Buchenholzspänen auf 200 °C anheizen und den Schweinerücken darin erst etwa 1½ Stunden garen und dann zweimal 15 Minuten räuchern.

3 Für die grüne Soße die Kräuter waschen und trocken schütteln. Harte Stiele entfernen und die Kräuter fein hacken. Saure Sahne, Joghurt und Sahne in den Küchenmixer geben, zwei Drittel der Kräuter hinzufügen und kurz pürieren. Mit Senf, Zitronensaft, Salz und Pfeffer würzig abschmecken. Die Zwiebel schälen, die Eier pellen und beides in kleine Würfel schneiden. Zusammen mit den restlichen Kräutern unter die Soße mischen.

4 Für das Spargelgemüse den weißen Spargel schälen und die holzigen Enden abschneiden, den grünen Spargel waschen, nur im unteren Drittel schälen und ebenfalls die holzigen Enden abschneiden. Die Spargelstangen je nach Länge schräg halbieren oder dritteln.

5 Weißen und grünen Spargel getrennt, jeweils knapp mit Salzwasser bedeckt und mit je 1 Prise Zucker, bissfest garen, abgießen und dabei den Spargelsud auffangen. Kurz vor dem Servieren in der Butter kurz anbraten und mit etwas Spargelsud ablöschen.

6 Für die Kartoffeln die Drillinge gut waschen und in kochendem Salzwasser etwa 20 Minuten weich garen. Abgießen und kurz ausdampfen lassen. Kurz vor dem Servieren in der Butter schwenken und mit der Petersilie bestreuen.

7 Das Fleisch in Scheiben schneiden und mit dem Spargelgemüse, den Drillingen und der grünen Soße auf Tellern anrichten.

Tafelspitz

VOM OCHSEN MIT KRÄUTERMAYONNAISE

Zutaten für 4 Personen

Für den Tafelspitz:
1 Zwiebel
1 Möhre
1 Bund Suppengemüse
1 EL Butterschmalz
1½ kg Tafelspitz vom Ochsen (beim Metzger vorbestellen)

Für die Mayonnaise:
½ Bund gemischte Kräuter (z. B. Salbei, Brennnessel, Wiesenkerbel, Currykraut)
2 sehr frische Eier (Größe M)
2 EL Obstessig
1 TL Salz
Pfeffer aus der Mühle
1½ EL Honig
½ l kalt gepresstes Öl

Für die Kartoffeln:
12 mittelgroße Kartoffeln
Salz
½ Bund Schnittlauch
2 EL Butter

Für die Garnitur:
Borretsch-, Ringelblumen- oder Schnittlauchblüten, Salbeiblätter

1 Für den Tafelspitz Zwiebel und Möhre schälen und halbieren. Das Suppengemüse putzen, schälen bzw. waschen und in grobe Stücke schneiden.

2 Das Butterschmalz in einem Topf erhitzen und den Tafelspitz darin rundum anbraten. Zwiebel, Möhre und Suppengemüse dazugeben und mit ½ l Wasser ablöschen. Den Tafelspitz zugedeckt bei schwacher Hitze knapp unter dem Siedepunkt 3 Stunden ziehen lassen.

3 Inzwischen für die Mayonnaise die Kräuter waschen, trocken schütteln, die Blätter abzupfen und grob hacken. Kräuter, Eier, Essig, Salz, 1 Prise Pfeffer und Honig im Küchenmixer fein pürieren. Das Öl in einem feinen Strahl dazugießen und untermixen, bis die Mayonnaise die richtige Konsistenz hat. Bis zum Servieren kühl stellen.

4 Die Kartoffeln mit der Schale gründlich waschen und in kochendem Salzwasser weich garen. Den Schnittlauch waschen, trocken schütteln und in Röllchen schneiden. Die Kartoffeln abgießen, kalt abschrecken, kurz ausdampfen lassen und pellen. Die Butter in einer Pfanne zerlassen und die Kartoffeln darin schwenken. Mit Salz würzen und mit dem Schnittlauch bestreuen.

5 Den Tafelspitz aus dem Sud nehmen, kurz ruhen lassen und in Scheiben schneiden. Das Fleisch mit der Kräutermayonnaise und den in Butter geschwenkten Kartoffeln auf Tellern anrichten und mit den essbaren Blüten und nach Belieben mit Salbeiblättern garnieren.

Gulasch

MIT WALNUSSKNÖDELN UND STEINPILZEN

Zutaten für 6 Personen

Für das Gulasch:
2 Zwiebeln
2 Knoblauchzehen
1 Zweig Rosmarin
4 Zweige Thymian
1 kg Rinderschmorbraten
2 EL Kokosöl
½ l Rotwein
40 g grüne Oliven (ohne Stein)
40 g schwarze Oliven (ohne Stein)
50 g Korinthen
2 TL grüne eingelegte Pfefferkörner
1 EL grob zerstoßener Pfeffer
Salz
3 EL Johannisbeersirup
1 EL Tomatenmark
1 TL scharfer Senf
200 g Sahne

Für die Walnussknödel:
ca. 700 g mehligkochende Kartoffeln
Salz
50 g gehackte Walnüsse
70 g Hartweizengrieß
110 g Kartoffelstärke
2 EL gehackte Petersilie

Für die Steinpilze:
500 g frische Steinpilze
2 kleine Zwiebeln
4 EL Butter
1 EL gehackte Petersilie
Salz
etwas zerstoßener Pfeffer

1 Für das Gulasch Zwiebeln und Knoblauch schälen und in kleine Würfel schneiden. Die Kräuter waschen und trocken schütteln. Das Fleisch trocken tupfen und in etwa 3 x 3 cm große Würfel schneiden.

2 Das Kokosöl in einem Schmortopf erhitzen und das Fleisch darin portionsweise anbraten. Die Zwiebeln dazugeben, kurz mitbraten und mit dem Rotwein ablöschen. Knoblauch, Oliven, Korinthen, Pfefferkörner, Pfeffer, Rosmarin, Thymian und 1 TL Salz hinzufügen und bei mittlerer Hitze etwa 2 Stunden schmoren lassen. Dabei immer wieder etwas Wasser dazugeben, bis eine sämige Konsistenz erreicht ist. Am Ende der Garzeit die übrigen Zutaten unterrühren und das Gulasch mit Salz abschmecken.

3 Für die Walnussknödel die Kartoffeln mit der Schale gründlich waschen und in Salzwasser weich garen. Die Kartoffeln abgießen, ausdampfen lassen, möglichst heiß pellen und sofort mit den übrigen Zutaten und 1 TL Salz zu einem Teig verarbeiten. Den Teig mit angefeuchteten Händen zu 12 Knödeln formen und diese in reichlich Salzwasser portionsweise bei schwacher Hitze etwa 10 Minuten garen.

4 Die Steinpilze putzen, falls nötig, trocken abreiben und in Scheiben schneiden. Die Zwiebeln schälen, in feine Würfel schneiden und in 1 EL Butter anbraten. Herausnehmen und beiseitestellen. Die Steinpilze in der restlichen Butter portionsweise anbraten. Dabei dürfen die Pilze nicht übereinander oder zu dicht aneinander liegen, weil sie sonst Saft ziehen.

5 Die gebratenen Steinpilze mit den Zwiebeln und der Petersilie mischen und mit Salz und Pfeffer abschmecken. Das Gulasch mit den Knödeln und den Steinpilzen anrichten und sofort servieren.

Porterhousesteak

MIT BACKKARTOFFELN UND BUNTEN MÖHREN

Zutaten für 6 Personen

Für die Backkartoffeln:
500 g grobes Meersalz
1 kg mehligkochende Kartoffeln

Für die Möhren:
ca. 1 kg bunte Möhren
3–4 Zweige Thymian
3 EL Öl
1 TL Salz
½ TL Zucker
Pfeffer aus der Mühle

Für das Steak:
1–1,2 kg Porterhousesteak
Salz
Pfeffer aus der Mühle

Für die Sour Cream:
250 g Magerquark
150 g saure Sahne
2 EL Schnittlauchröllchen
1 TL Honig
Salz
Pfeffer aus der Mühle
1 Knoblauchzehe (gepresst)

Außerdem:
250 g Butter
Kräuterbutter (siehe S. 70)

1 Für die Backkartoffeln den Backofen auf 230 °C Umluft vorheizen. Eine Auflaufform 2 cm hoch mit grobem Meersalz füllen. Die Kartoffeln mit der Schale gründlich waschen und auf dem Salz verteilen. Die Form mit Alufolie bedecken und die Kartoffeln im Ofen auf der mittleren Schiene 1½ bis 2 Stunden backen.

2 Die Möhren putzen und schälen, dabei jeweils etwas Blattansatz stehen lassen. Den Thymian waschen und trocken tupfen. Öl, Salz und Zucker zu einer Marinade verrühren und den Thymian hineinlegen. Die Möhren in einer Auflaufform mit der Marinade übergießen, zu den Kartoffeln in den Ofen schieben und etwa 1 Stunde garen.

3 Die Butter in einem Topf zerlassen, bis sie zu schäumen beginnt, leicht braun wird und nussig riecht. Die Nussbutter durch ein mit einem Mulltuch ausgelegtes feines Sieb passieren. Zwei Drittel der Nussbutter über die Backkartoffeln träufeln und die Kartoffeln mit Meersalz würzen. Die Möhren in der restlichen Nussbutter schwenken und mit Salz und Pfeffer würzen.

4 Für das Steak die Temperatur im Backofen auf 80 °C Ober-/Unterhitze reduzieren. Das Fleisch waschen, trocken tupfen und im Ofen auf dem Grillgitter garen, bis es eine Kerntemperatur von 51 °C hat. Das Fleisch aus dem Ofen nehmen und die Ofentemperatur nochmals auf 40 °C reduzieren. Das Fleisch wieder hineinschieben und zugedeckt warm halten.

5 Für die Sour Cream alle Zutaten verrühren. Kurz vor dem Servieren das Fleisch unter dem eingeschalteten Backofengrill bis zur gewünschten Bräunung grillen. Das Fleisch herausnehmen, mit Pfeffer und Salz würzen und 10 Minuten ruhen lassen. Die Kartoffeln im Backofen bei Bedarf wieder erwärmen.

6 Das Porterhousesteak tranchieren, je 1 Klecks Sour Cream auf die Backkartoffeln geben und die Möhren dazu anrichten. Die Kräuterbutter separat dazu reichen.

Kalbsmedaillons

MIT PFIFFERLINGEN, TOMATEN-BROT-SALAT UND KOHLRABIBLÜTEN

Zutaten für 4 Personen

Für die Kalbsmedaillons:
50 g Sesamsamen
einige rosa Pfefferbeeren
4 Kalbsmedaillons (à 160 g)
80–100 ml Rapsöl
Salz
Kubebenpfeffer
Dijon-Senf mit Estragon

Für die Pfifferlinge:
400 g Pfifferlinge
1 Schalotte
2 EL Rapsöl
Salz · Pfeffer aus der Mühle
60–80 g Sahne

Für die Kohlrabiblüten:
2 Kohlrabi

Für den Salat:
750 g Eiertomaten
3–4 Zweige Thymian
1 EL Zucker
1 TL Salz
1 Knoblauchzehe
¼ l Rapsöl
500 g Baguette
150 g Rucola

Für die Vinaigrette:
30 ml Essig
90 ml Öl
1 TL Salz
2 TL Zucker
Holunderblütensirup (siehe S. 125)

Außerdem:
Rosenbutter (siehe S. 71)

1 Für die Kalbsmedaillons den Sesam in einer Pfanne ohne Fett anrösten und herausnehmen. Die Pfefferbeeren grob hacken und untermischen. Die Kalbsmedaillons im Öl bei starker Hitze rundum etwa 4 Minuten anbraten und herausnehmen (nicht zu lange anbraten, es soll innen rosa sein). Mit Salz und Kubebenpfeffer würzen und mit dem Senf bestreichen, die Ränder mit der Sesam-Pfeffer-Mischung panieren.

2 Für die Pfifferlinge die Pilze putzen und trocken abreiben. Die Schalotte schälen, in feine Würfel schneiden und im Öl andünsten. Die Pfifferlinge hinzufügen, ebenfalls andünsten und mit Salz und Pfeffer würzen. Die Sahne dazugeben und weiterköcheln lassen, bis die Flüssigkeit etwas eingekocht ist und die Pfifferlinge bissfest sind.

3 Für die Kohlrabiblüten die Kohlrabis schälen und in gleichmäßige dünne Scheiben schneiden (am besten mit einer Aufschnittmaschine). In die Mitte einer Scheibe ein X schneiden. Die anderen Scheiben zusammenrollen und wie Blütenblätter ineinanderstecken, bis eine schöne Blüte entsteht. Damit sie zusammenhält, das Ganze in die Scheibe mit dem X stecken. Falls nötig, die Blüte mit einem Zahnstocher befestigen.

4 Für den Salat die Tomaten waschen und achteln, die Stielansätze und die Kerne entfernen. Den Thymian waschen, trocken schütteln, die Blättchen abzupfen und fein hacken. Tomaten, Thymian, Zucker und Salz mischen, auf ein mit Backpapier belegtes Backblech geben und im Backofen bei 160 °C Umluft 30 bis 40 Minuten backen. Die Tomaten sollten etwas angetrocknet, aber noch saftig sein. Den Knoblauch schälen und mit dem Öl pürieren. Das Baguette in Scheiben schneiden und mit dem Knoblauchöl bestreichen. Im Ofen bei 180 °C Umluft 10 bis 15 Minuten knusprig rösten. Anschließend in mundgerechte Stücke brechen. Den Rucola verlesen, waschen und trocken schütteln, grobe Stiele entfernen.

5 Für die Vinaigrette Essig, Öl, Salz, Zucker und Holunderblütensirup gut mischen und abschmecken. Tomaten, Baguette und Rucola auf Gläser verteilen und mit der Vinaigrette beträufeln. Kalbsmedaillons, Pfifferlinge und Kohlrabiblüten auf Tellern anrichten, die Rosenbutter in kleinen Schälchen dazustellen und den Salat daneben servieren.

Geschmack on top!

FRISCHE KRÄUTER UND BLÜTEN SIND OPTISCH EIN ECHTER HINGUCKER AUF SALATEN UND SUPPEN. ALS AUFSTRICH ODER IN BUTTER EINGEARBEITET SIND SIE DARÜBER HINAUS BESONDERS AROMATISCH UND BELIEBT ALS TOPPING FÜR FLEISCH, FISCH, BROT ODER GEMÜSE.

Kräuterbutter

50 g Kräuter (z. B. Schnittlauch, Petersilie, Wiesenkerbel, Liebstöckel, Pimpinelle, Vogelmiere) *waschen und trocken schütteln, die Blättchen abzupfen und fein hacken.* ***1 Schalotte*** *und* ***1 Knoblauchzehe*** *schälen, die Schalotte in sehr feine Würfel schneiden.* ***250 g weiche Butter*** *mit den Quirlen des Handrührgeräts cremig rühren. Schalottenwürfel und Kräuter unter die Butter rühren und die Knoblauchzehe dazupressen. Die Kräuterbutter mit* ***Salz*** *und* ***Pfeffer*** *abschmecken.*

Claudia Keil

Rosenbutter

1 Knoblauchzehe schälen und in feine Würfel schneiden. **20 Heckenrosenblütenblätter** in feine Streifen schneiden. Mit **250 g zimmerwarmer Butter** und **1 TL Kräutersalz** in einer Schüssel mit einer Gabel gleichmäßig vermischen. Die Masse in einen Spritzbeutel mit Sterntülle geben und einen Teller mit Frischhaltefolie auslegen. Etwa 3 cm große Buttertupfen auf die Folie spritzen und etwa 1 Stunde zugedeckt kühl stellen.

Marie Bauer

Pilzbutter

50 g getrocknete Steinpilze mit kochendem Wasser übergießen, 15 Minuten quellen lassen, abgießen und fein hacken. **1 Schalotte** und **1 Knoblauchzehe** schälen und fein würfeln. **1 Zweig Rosmarin** und **2 Zweige Thymian** waschen, trocken tupfen, die Blätter bzw. Nadeln abzupfen und fein hacken. 1 EL von insgesamt **250 g Butter** in einer Pfanne erhitzen, Schalotte und Knoblauch darin andünsten. Pilze und Kräuter dazugeben, mitbraten, bis die Flüssigkeit verdampft ist. Mit Salz und Pfeffer abschmecken, abkühlen lassen. Die restliche Butter cremig rühren, die Pilzmischung unterrühren und nochmals abschmecken.

ZS-Redaktion

Kräuterblütenaufstrich

Je 1 Handvoll Blüten von Gänseblümchen, Taubnessel, Spitzwegerich und **Hornveilchen** waschen und trocken schütteln. Die Blüten in etwas **Aceto balsamico bianco** einlegen, **Olivenöl** einrühren und mit **Salz** und **Pfeffer** würzen. Schmeckt hervorragend auf 1 Scheibe frischem Bauernbrot mit Butter oder Frischkäse.

Christiane Thees

Gefüllte Kalbsbrust

MIT BRENNNESSELKNÖDEL UND GEMÜSE

Zutaten für 4 Personen

Für die Kalbsbrust:
1 kg Kalbsbrust (vom Metzger eine Tasche einschneiden lassen)
Salz · Pfeffer aus der Mühle
1 Brötchen (vom Vortag)
1 kleine Zwiebel
1 Bund Wildkräuter (z. B. Brennnessel, Giersch, Sauerampfer, Spitzwegerich)
1 Bund Petersilie
1 EL Öl
120 g Kalbsbrät · 1 Ei (Größe M)
Speisestärke zum Binden

Für die Knödel:
1 kleine Zwiebel
300 g Brötchen (vom Vortag; oder Knödelbrot)
2 TL Butter
1 EL gehackte Petersilie
120 ml Milch · 5 Eier (Größe M)
Salz · Pfeffer aus der Mühle
200 g junge Brennnesselblätter
80 g Mehl

Für das Gemüse:
200 g junge Möhren
1 kleiner Kohlrabi
200 g Brokkoli
4 EL zerlassene Butter

Für die gerösteten Brösel:
2 EL Butter
4 EL Weißbrotbrösel

Außerdem:
Küchennadel und -garn
Dämpfeinsatz

1 Für die Kalbsbrust den Backofen auf 220 °C vorheizen. Das Fleisch innen und außen mit Salz und Pfeffer würzen. Das Brötchen in Wasser einweichen. Die Zwiebel schälen und fein hacken. Die Kräuter waschen, von groben Stielen befreien, trocken schütteln und fein hacken. Das Öl in einer Pfanne erhitzen und die Zwiebel darin andünsten, die Kräuter unterrühren. Die Zwiebelmischung mit Brät und Ei vermengen. Die Masse mit Salz und Pfeffer würzen und fest in die Tasche der Kalbsbrust drücken, die Tasche mit Küchengarn zunähen. Die Kalbsbrust in einen Bräter legen und im heißen Ofen auf der mittleren Schiene etwa 1 ½ Stunden garen. Immer etwas Wasser angießen, sodass das Fleisch stets in Flüssigkeit liegt, und ab und zu wenden.

2 Inzwischen für die Knödel die Zwiebel schälen und fein hacken. Die Brötchen in kleine Würfel schneiden. Die Butter in einem Topf erhitzen, die Zwiebel mit Petersilie darin andünsten. Die Brötchen hinzufügen und kurz mitbraten, den Topf vom Herd nehmen. Milch und Eier verquirlen, mit Salz und Pfeffer würzen und über die Brötchenmischung gießen. Die Brennnesselblätter verlesen, waschen und etwa 10 Sekunden in kochendem Wasser blanchieren. In ein Sieb abgießen und abschrecken, dann sehr gut abtropfen lassen und mit den Händen vorsichtig noch überschüssiges Wasser ausdrücken. Die Brennnesseln grob hacken und mit dem Mehl locker unter die Brötchenmasse mengen. Die Masse etwa 30 Minuten ziehen lassen.

3 In einem großen Topf reichlich Salzwasser zum Kochen bringen. Inzwischen aus der Knödelmasse mit den Händen 8 gleich große Knödel formen. Wenn das Wasser kocht, die Temperatur reduzieren und die Knödel im siedenden Salzwasser (Vorsicht, das Wasser sollte nicht mehr sprudelnd kochen!) etwa 15 Minuten gar ziehen lassen.

4 Währenddessen für das Gemüse Möhren, Kohlrabi und Brokkoli putzen und schälen bzw. waschen. Die Möhren in dünne Streifen und den Kohlrabi in kleine Würfel schneiden. Den Brokkoli in kleine Röschen teilen. Das Gemüse in einen Dämpfeinsatz geben. In einem großen Topf wenig Wasser zum Kochen bringen, den Dämpfeinsatz hineinstellen und das Gemüse bei mittlerer Hitze etwa 10 Minuten bissfest dämpfen.

5 Für die Brösel die Butter in einer Pfanne erhitzen und die Brotbrösel darin goldbraun rösten. Die Kalbsbrust in Scheiben schneiden und auf Tellern anrichten, den Sud mit Speisestärke zu einer Soße binden. Die Knödel mit dem Schaumlöffel aus dem Topf heben, kurz abtropfen lassen, auf Teller verteilen und mit den gerösteten Bröseln beträufeln. Das Gemüse ebenfalls auf die Teller verteilen und mit etwas zerlassener Butter beträufeln. Die Soße zum Fleisch servieren.

Kalbsröllchen

MIT BRENNNESSEL-GIERSCH-FÜLLUNG, KARTOFFELBAUMKUCHEN UND FRÜHLINGSGEMÜSE

Zutaten für 4–6 Personen

Für die Soße:
500 g Sahne · 1 Stiel Pfefferminze
3 Stiele Zitronenmelisse
Salz · Pfeffer aus der Mühle

Für den Baumkuchen:
500 g festkochende Kartoffeln
Salz · 80 g Mehl
120 g Speisestärke
8 Eier (Größe M)
80 g weiche Butter
Pfeffer aus der Mühle
frisch geriebene Muskatnuss
Olivenöl zum Braten

Für die Röllchen:
8 Kalbsschnitzel (à ca. 80 g)
Salz · Pfeffer aus der Mühle
1 kleines Glas getrocknete Tomaten
1 große Schüssel junge Gierschblätter und zarte Brennnesselspitzen
2 EL Olivenöl
1 Zwiebel (fein gewürfelt)
1–2 Knoblauchzehen (fein gewürfelt)
300 g Frischkäse
1–2 EL Limettensaft
200 g gehobelter Parmesan
8 Scheiben geräucherter Schinken
Mehl · Butterschmalz zum Anbraten
150 ml trockener Weißwein

Für das Gemüse:
100 g Butter · 1 Bund Petersilie
je 400 g weißer und grüner Spargel
250 g Cocktailtomaten
1 Bund Frühlingszwiebeln
Olivenöl · Salz
Pfeffer aus der Mühle · 2 EL Honig

1 Am Vortag für die Soße die Sahne mit Pfefferminze und Melisse aufkochen und über Nacht kühl stellen. Für den Baumkuchen die Kartoffeln mit der Schale waschen und in Salzwasser weich garen. Pellen und zweimal durch die Kartoffelpresse drücken, abkühlen lassen. Mehl und Stärke mischen, die Eier trennen und die Eiweiße steif schlagen. Die Butter schaumig rühren, die Eigelbe unterrühren. Die Mehlmischung unterrühren und die Kartoffeln unterheben. Den Teig kräftig mit Salz, Pfeffer und Muskatnuss würzen und den Eischnee unterheben.

2 Den Backofengrill auf 250 °C vorheizen. Auf einem mit Backpapier belegten Backblech 4 bis 5 EL Kartoffelmasse rund verstreichen, auf der zweiten Schiene von unten 6 bis 7 Minuten goldbraun grillen. Diesen Vorgang sechsmal wiederholen. Den Baumkuchen abkühlen lassen.

3 Am nächsten Tag für die Röllchen die Kalbsschnitzel trocken tupfen und flacher klopfen. Mit Salz und Pfeffer würzen. Die Tomaten würfeln. Die Wildkräuter waschen, trocken tupfen und klein schneiden. Das Öl erhitzen und die Zwiebel und den Knoblauch darin anbraten. Giersch und Brennnesseln dazugeben und zusammenfallen lassen. Frischkäse, Tomaten, Salz, Pfeffer und Limettensaft dazugeben. Den Parmesan unterrühren und die Masse etwas abkühlen lassen.

4 Die Schnitzel mit dem Schinken belegen und die Füllung darauf verteilen. Die Schnitzel aufrollen, mit Zahnstochern fixieren und im Mehl wenden. Das Fleisch in einer Pfanne im Butterschmalz rundum anbraten. Herausnehmen und den Bratensatz mit dem Wein ablöschen. Die Röllchen in die Pfanne legen und zugedeckt bei schwacher Hitze gar ziehen lassen.

5 Für das Gemüse die Butter klären. Die Petersilie waschen, trocken schütteln, die Blätter abzupfen und klein hacken, dann zur Butter geben. Den Spargel schälen (grünen Spargel nur im unteren Drittel), holzige Enden ab-, dann schräg in Stücke schneiden. Die Tomaten waschen und halbieren. Die Frühlingszwiebeln putzen, in Ringe schneiden und in einer Pfanne mit Öl andünsten. Den Spargel darin bissfest braten. Die Tomaten dazugeben, alles mit Salz, Pfeffer und Honig abschmecken. Zum Servieren mit Petersilienbutter beträufeln.

6 Den Backofen auf 80 °C vorheizen. Die Röllchen aus der Pfanne nehmen und warm halten. Die Kräutersahne aus dem Kühlschrank nehmen, die Kräuter entfernen. Die Sahne in den Bratfond geben, aufkochen, mit Salz und Pfeffer abschmecken. Den Kartoffelbaumkuchen stürzen, in Rauten schneiden. In einer Pfanne mit Öl anbraten. Die Röllchen in Scheiben schneiden und mit Soße, Kartoffelrauten und Gemüse anrichten.

Lammfilet

MIT SÜSSKARTOFFELN UND WILDKRÄUTERPESTO

Zutaten für 4 Personen

Für das Pesto:
100 g Wildkräuter (z. B. Giersch, Spitzwegerich, Gänseblümchen, Löwenzahn, Brennnessel, Gundermann)
100 g Kopfsalat
2 Knoblauchzehen
50 g Pinienkerne
80–100 ml gutes Olivenöl
50 g geriebener Parmesan
50 g gemahlene Haselnüsse
Salz
Pfeffer aus der Mühle

Für den Dip:
1 Knoblauchzehe (nach Belieben)
1 Zweig Thymian
250 g saure Sahne
Salz
Pfeffer aus der Mühle

Für die Süßkartoffelscheiben:
3 große Süßkartoffeln
5 EL Olivenöl
Salz
1 Spritzer Zitronensaft

Für das Lammfilet:
2 EL Olivenöl
1 EL Butter
750 g Lammfilet (oder Lammlachse)
Salz
Pfeffer aus der Mühle

1 Für das Pesto die Kräuter waschen, trocken schütteln und fein schneiden. Den Kopfsalat ebenfalls waschen und sehr gut trocken schleudern. Den Knoblauch schälen und grob hacken. Die Pinienkerne ebenfalls hacken. Kräuter, Kopfsalat, Knoblauch und Pinienkerne in einen hohen Rührbecher geben und mit dem Stabmixer pürieren. Während des Pürierens so viel Olivenöl dazugeben, bis eine glatte Creme entstanden ist. Den Parmesan und die gemahlenen Nüsse unterrühren und das Pesto kräftig mit Salz und Pfeffer abschmecken.

2 Für den Dip den Knoblauch schälen und sehr fein hacken. Den Thymian waschen, trocken tupfen und die Blättchen abzupfen. Die saure Sahne mit Knoblauch, Thymian, Salz und Pfeffer würzen.

3 Für die Süßkartoffelscheiben die Süßkartoffeln schälen und in etwa 1 cm dicke Scheiben schneiden. 2 EL Olivenöl mit etwas Salz und Zitronensaft verrühren und die Süßkartoffelscheiben damit bestreichen. Das übrige Olivenöl in einer Pfanne erhitzen und die Scheiben darin auf beiden Seiten braun braten.

4 Inzwischen für das Lammfilet das Öl und die Butter in einer beschichteten Pfanne erhitzen. Das Lammfilet darin bei mittlerer Hitze rundum anbraten. Die Pfanne vom Herd nehmen und das Fleisch etwa 5 Minuten ziehen lassen. Mit Salz und Pfeffer würzen und mit etwas Pesto bestreichen.

5 Das Lammfilet in Scheiben schneiden und auf Teller verteilen. Die Süßkartoffeln und den Dip daneben anrichten. Das Gericht nach Belieben mit Wildkräutern garnieren und servieren.

Mein Tipp: Übriges Pesto in einem Schraubglas im Kühlschrank aufbewahren und in den nächsten Tagen mit frischen Nudeln genießen.

Lammkeule

MIT HEIDELBEERSOSSE, KARTOFFELPÜREE UND SPITZKOHL

Zutaten für 4 Personen

Für die Lammkeule:
1 Lammkeule (ca. 1½ kg)
Salz
4 Zweige Thymian
4 Zweige Rosmarin
4 EL Olivenöl
½ Stange Lauch
2 kleine Zwiebeln
2 kleine Möhren
350 ml trockener Rotwein
350 ml Portwein
2–3 EL Puderzucker
250 g Heidelbeeren

Für das Kartoffelpüree:
800 g mehligkochende Kartoffeln
Salz
1 EL Butter
2 EL Sahne
frisch geriebene Muskatnuss

Für den Spitzkohl:
1 Spitzkohl
Butter zum Anbraten
Salz
Pfeffer aus der Mühle
frisch geriebene Muskatnuss

1 Am Vortag für die Lammkeule das Fleisch, falls nötig, von Fett und Sehnen befreien, waschen, trocken tupfen und mit Salz würzen. Die Kräuter waschen, trocken schütteln. Von der Hälfte die Blättchen bzw. Nadeln abzupfen und fein hacken. Olivenöl und gehackte Kräuter verrühren und die Keule damit einreiben. Zusammen mit den restlichen Kräuterzweigen in einen Bräter legen und mit geschlossenem Deckel über Nacht im Kühlschrank ziehen lassen.

2 Am nächsten Tag den Lauch putzen, waschen und in Ringe schneiden. Die Zwiebeln und die Möhren schälen und in Stücke schneiden.

3 Den Backofen auf 180 °C vorheizen. Die Kräuterzweige aus dem Bräter nehmen und beiseitelegen. Die Keule im Bräter rundum kräftig anbraten. Mit je ¼ l Rot- und Portwein ablöschen und gegebenenfalls etwas Wasser dazugeben, damit die Keule etwa zu einem Viertel mit Flüssigkeit bedeckt ist. Lauch, Zwiebeln und Möhren hinzufügen. Die beiseitegelegten Kräuter wieder auf die Keule legen, den Bräter schließen und die Keule im heißen Ofen etwa 2 Stunden schmoren.

4 Für das Kartoffelpüree die Kartoffeln schälen, waschen und in grobe Stücke schneiden. Die Kartoffelstücke in Salzwasser weich garen, abgießen und kurz ausdampfen lassen. Die Kartoffeln mit der Kartoffelpresse oder dem Kartoffelstampfer zu Püree verarbeiten. Mit etwas Butter und Sahne verfeinern. Mit Salz und Muskatnuss abschmecken.

5 Für den Spitzkohl den Kohl putzen, halbieren und den Strunk herausschneiden. Die Hälften erst in etwa ½ cm dicke Scheiben, dann in 5 cm große Stücke schneiden. Den Spitzkohl waschen und gut abtropfen lassen. Etwas Butter in einem Topf erhitzen und den Kohl portionsweise darin anbraten. Mit Salz und Pfeffer würzen und etwa 15 Minuten weich dünsten. Mit Muskatnuss abschmecken.

6 Für die Soße den Puderzucker in einem Topf karamellisieren. Den restlichen Rot- und Portwein unter Rühren dazugeben und das Ganze auf etwa die Hälfte einköcheln lassen. Die Lammkeule aus dem Bräter nehmen und die Kräuterzweige entfernen. Das Gemüse und den Bratensaft mit dem Stabmixer fein pürieren und zu der Weinsoße geben. Die Keule wieder in den Bräter legen und im Ofen bei 100 °C warm halten. Die Soße mit Salz und Pfeffer abschmecken. Etwas davon abnehmen und die Heidelbeeren darin kurz aufkochen.

7 Die Lammkeule mit Kartoffelpüree, Spitzkohl, der Soße und den Heidelbeeren servieren.

Sanft gegarter Rehrücken

MIT KRÄUTERSCHUPFNUDELN, KARAMELLISIERTEN MÖHREN UND STEINPILZSOSSE

Zutaten für 6 Personen

Für Rehrücken und Rehfond:
1 Rehrücken (am Knochen)
2 große Schalotten
2 Möhren
1 Stück Lauch (ca. 15 cm)
Salz
3 EL Rapsöl oder Butterschmalz
Pfeffer aus der Mühle
¼ l Rotwein
6 Zweige Rosmarin zum Garnieren

Für die Soße:
100 g Schalotten
25 g Butter
15 g getrocknete Steinpilze (mind. 1 Stunde in heißem Wasser eingeweicht)
50 ml trockener Weißwein
50 ml Portwein
Salz
Pfeffer aus der Mühle
2–3 EL Schwarzes-Johannisbeer-Gelee (siehe S. 87; ersatzweise Preiselbeeren im Glas, siehe S. 87)
120 g Sahne

Für die Schupfnudeln:
400 g gegarte Kartoffeln (am Vortag heiß gepresst)
6 EL gehackte Kräuter (Petersilie, Schnittlauch, Kerbel)
150 g Mehl
Salz
frisch geriebene Muskatnuss
1–2 Eier (Größe S)
40 g Butterschmalz

1 Für den Rehrücken das Fleisch waschen und trocken tupfen, die beiden Filets vom Knochen lösen. Die Silberhaut abziehen und den Rehrücken zugedeckt kühl stellen. 30 Minuten vor der Zubereitung aus dem Kühlschrank nehmen.

2 Für den Rehfond die Knochen grob zerhacken und in einem Topf anrösten. Die Schalotten schälen und in Stücke schneiden. Möhren und Lauch putzen, waschen und in Stücke schneiden. Schalotten, Möhren und Lauch zu den Knochen geben und braun rösten. Mit kochendem Wasser bedecken, Salz hinzufügen und alles bei schwacher Hitze zugedeckt 4 Stunden ziehen lassen, bis der Fond auf die Hälfte eingekocht ist.

3 Den Backofen auf 100 °C Umluft einstellen. Das Fett in einer Pfanne erhitzen und die Rehfilets auf beiden Seiten 2 bis 4 Minuten anbraten. Das Fleisch rundum mit Salz und Pfeffer würzen, in einen Bräter legen und mit geschlossenem Deckel im heißen Ofen etwa 35 Minuten bis zu einer Kerntemperatur von 65 °C garen. Den Ofen ausschalten und das Fleisch darin einige Minuten ruhen lassen.

4 Den Rotwein in die Pfanne mit dem Bratsatz gießen und aufkochen. Die Schalotten und Möhren aus dem Rehfond hinzufügen und etwas einkochen. Alles mit dem Stabmixer pürieren. Mit Rehfond auffüllen und mit Salz und Pfeffer würzen. 150 ml dieses Rehbratenfonds für die Steinpilzsoße verwenden, den Rest einfrieren oder einkochen.

5 Für die Soße die Schalotten schälen, in kleine Stücke schneiden und in einem Topf in der Butter dünsten. Erst die abgetropften Pilze hinzufügen, dann 180 ml Pilz-Einweichwasser, Rehbratenfond, Weiß- und Portwein dazugeben. Etwas einkochen und mit dem Stabmixer pürieren. Mit Salz, Pfeffer, Johannisbeergelee und Sahne abschmecken.

6 Für die Schupfnudeln die Kartoffeln in einer Schüssel mit den Kräutern, dem Mehl, etwa 1 TL Salz, Muskatnuss und 1 Ei mischen. Falls der Teig zu fest ist, noch 1 Ei unterarbeiten, dann abschmecken. Aus dem Teig mit den Händen Schupfnudeln formen und in reichlich Salzwasser einmal aufkochen. Die Schupfnudeln herausheben und nebeneinander abkühlen lassen. Im Butterschmalz anbraten.

7 Den Rehrücken in Scheiben schneiden, mit der Steinpilzsoße und den Schupfnudeln auf Tellern anrichten. Dazu passen karamellisierte Möhren oder grüne Bohnen.

Wildbolognese

MIT HAUSGEMACHTEN BANDNUDELN

Zutaten für 4 Personen

Für die Bandnudeln:
120 g Mehl
120 g doppelgriffiges Mehl (Weizendunst) + etwas mehr zum Verarbeiten
160 g Hartweizengrieß
4 Eier (Größe M) · Salz
1 EL Öl · 2 EL Butter

Für die Rehbolognese:
3 Schalotten · 3 Knoblauchzehen
160 g Möhren
160 g Knollensellerie
3 EL Öl
800 g Rehfleisch (aus der Keule; in grobe Würfel geschnitten)
Salz · Pfeffer aus der Mühle
250 g gehackte Tomaten (aus der Dose)
200 ml Rotwein
200 ml Portwein
400 ml Wildfond
je 2 Zweige Rosmarin und Thymian
2 Lorbeerblätter
10 schwarze Pfefferkörner
8 Wacholderbeeren
6 Pimentkörner
2 Splitter Zimtstange
1–2 EL Schwarzes-Johannisbeer-Gelee (siehe S. 87)
2 EL Aceto balsamico
ca. 40 g gehackte Zartbitter-kuvertüre
Wildgewürzmischung
200 g Pfifferlinge
2 Kräuterseitlinge
1 TL Butter
2 EL gehackte Petersilie

1 Am Vortag für die Bandnudeln beide Mehlsorten und den Hartweizengrieß mischen, auf die Arbeitsfläche häufen und in die Mitte eine Mulde drücken. Eier, 1 TL Salz und Öl hineingeben, mit einer Gabel zu einem dickflüssigen Teig verrühren, dabei immer mehr Mehl vom Rand einarbeiten. Falls der Teig zu fest wird, noch etwas Wasser hinzufügen. Mit den Händen zu einem glatten, elastischen Teig verkneten und zu einer Rolle formen. Den Teig in Frischhaltefolie wickeln und über Nacht kühl stellen.

2 Am nächsten Tag für die Rehbolognese Schalotten und Knoblauch schälen und fein würfeln. Möhren und Sellerie putzen, schälen und in Würfel schneiden. In einem Topf das Rehfleisch in 2 EL Öl bei starker Hitze rundum anbraten. Mit Salz und Pfeffer würzen, aus dem Topf nehmen und beiseitestellen.

3 Das restliche Öl im Bratsatz erhitzen, Schalotten-, Knoblauch-, Möhren- und Selleriewürfel darin andünsten. Tomaten und das angebratene Fleisch dazugeben. Mit Rot- und Portwein ablöschen und auf die Hälfte einkochen, dann den Fond hinzugießen. Rosmarin und Thymian waschen. Die Gewürze in einen Einwegteebeutel geben, verschließen und mit den Kräutern in den Topf geben. Bei schwacher Hitze etwa 1½ Stunden köcheln lassen, bei Bedarf immer wieder etwas Wasser oder Fond hinzufügen.

4 Den Nudelteig in mehrere Portionen teilen und mithilfe der Nudelmaschine oder mit dem Nudelholz auf der bemehlten Arbeitsfläche zu dünnen Bahnen ausrollen, dabei immer wieder mit Mehl bestäuben. Die Teigplatten locker aufrollen und mit einem Messer in 2½ cm breite Nudeln schneiden. Dann die einzelnen Nudeln auseinanderrollen und nochmals mit Mehl bestäuben.

5 Die Kräuterzweige und Gewürze aus der Rehbolognese entfernen und das Ragout mit Salz, Pfeffer, Johannisbeergelee, Essig, Kuvertüre sowie etwas Wildgewürz abschmecken.

6 Die Pilze putzen und trocken abreiben, die Kräuterseitlinge halbieren. Die Butter in einer Pfanne erhitzen. Die Pilze darin anbraten, bis die Schnittflächen der Kräuterseitlinge goldbraun sind. Die Petersilie untermischen und die Pilze mit Salz und Pfeffer würzen.

7 Die Bandnudeln in reichlich kochendem Salzwasser 3 bis 5 Minuten bissfest garen. Die Nudeln in ein Sieb abgießen und abtropfen lassen. Die Butter dazugeben, schmelzen lassen und die Bandnudeln kurz durchmischen.

8 Die Bandnudeln mit der Wildbolognese auf Tellern anrichten. Die Pfifferlinge darauf verteilen und je ½ Kräuterseitling dazulegen.

Hirschrouladen

MIT SPÄTZLE UND PREISELBEERKRAPFERL

Zutaten für 4–6 Personen

Für die Soße:
2 TL Puderzucker
2 EL Tomatenmark
600 ml Rotwein · 2–3 Zwiebeln
1 Möhre · 100 g Knollensellerie
Öl zum Braten
½ TL Pimentkörner
2 Lorbeerblätter
½ TL Wacholderbeeren
1 Splitter Zimtrinde
3–4 l Wildfond oder Hühnerbrühe
2 Streifen Bio-Zitronenschale
1 EL Schokoladenraspel (Zartbitter)
2 EL Schwarzes-Johannisbeer-Gelee (siehe S. 87)
Salz · Pfeffer aus der Mühle
20 g kalte Butter

Für die Preiselbeerkrapferl:
1 gegarte Kartoffel (ca. 130 g)
30 g weiche Butter · 10 g frische Hefe
ca. 130 g Dinkelmehl · 1 Ei (Größe M)
1 Msp. Vanillemark
3 EL lauwarme Milch · Salz · Zucker
ca. 2 EL Preiselbeeren im Glas (siehe S. 87)
Semmelbrösel · Öl zum Ausbacken

Für die Rouladen:
ca. 300 g junger Spinat
Salz · 1 Zweig Rosmarin
6 Hirschrouladen
Pfeffer aus der Mühle
Paprikapulver (edelsüß)
4 EL körniger Senf
12 Scheiben Wammerl (Bauchspeck)
Brombeer-Chutney (siehe S. 87)
Butterschmalz zum Anbraten

1 Für die Soße am Vortag den Puderzucker in einem Topf karamellisieren. Tomatenmark und Wein dazugeben und sirupartig einkochen. Inzwischen die Zwiebeln schälen, die Möhre und den Sellerie putzen und schälen. Alle Gemüse grob zerkleinern. Das Öl in einer Pfanne erhitzen und die Gemüse darin anbraten. Zum Soßenansatz geben. Alle Gewürze hinzufügen und den Fond oder die Brühe dazugießen. Die Soße mindestens 2 Stunden sirupartig einkochen. Durch ein Sieb gießen und nochmals mindestens 1 Stunde einkochen.

2 Zitronenschalen, Schokoraspel und Johannisbeergelee untermischen. Mit Salz und Pfeffer abschmecken. Die Butter mit dem Stabmixer einarbeiten. Nach Belieben mit 2 TL Speisestärke binden. Die Soße zugedeckt über Nacht stehen lassen.

3 Am nächsten Tag für die Preiselbeerkrapferl die Kartoffel pellen, zerdrücken und mit Butter, Hefe, Mehl, Ei, Vanillemark und Milch sowie je 1 Prise Salz und Zucker zu einem Teig kneten, bis nichts mehr an der Schüssel klebt. Gegebenenfalls etwas mehr Mehl unterarbeiten. Den Teig zugedeckt an einem warmen Ort 30 Minuten gehen lassen. Zehn kleine Gläser einfetten und mit Semmelbröseln ausstreuen. Von dem Teig 10 Portionen (à ca. 30 g) abstechen und flach drücken. Etwas Konfitüre in die Mitte geben, den Teig darüber verschließen und mit der Naht nach unten je 1 Teigling in jedes Glas legen. Mindestens 2 Stunden kühl stellen.

4 Für die Rouladen den Spinat putzen, waschen, in Salzwasser blanchieren, eiskalt abschrecken und gut ausdrücken. Den Rosmarin waschen und trocken tupfen, die Nadeln abzupfen und fein hacken. Die Rouladen mit Salz, Pfeffer, Rosmarin und Paprikapulver würzen. Mit Senf bestreichen. Jede Roulade mit 2 Scheiben Wammerl und etwas Spinat belegen. Mit etwas Brombeer-Chutney bestreichen und vorsichtig einrollen. Mit Holzspießchen fixieren. Den Backofen auf 150 °C vorheizen. Die Rouladen in einer Pfanne im Butterschmalz rundum anbraten. Herausnehmen und in einen Bräter legen. Den Bratsatz mit etwas Wasser ablöschen und dazugießen. Die Rouladen im heißen Ofen mit geschlossenem Deckel auf der mittleren Schiene etwa 1 Stunde garen.

5 Reichlich Öl in einem Topf auf etwa 160 °C erhitzen. Die Krapferl auf Schaumlöffel stürzen, vorsichtig in das Öl legen und 4 bis 5 Minuten goldgelb backen. Herausheben und auf Küchenpapier abtropfen lassen. Mit halbierten Rouladen und erwärmter Soße auf Tellern anrichten. Dazu passen Spätzle und etwas Brombeer-Chutney.

Jetzt geht's ans Eingemachte!

SO KLEIN SIE IN IHRER ERSCHEINUNGSFORM AUCH SIND, SO REICH UND VIELSEITIG KÖNNEN SICH BEEREN IM GESCHMACK ENTFALTEN. IN CHUTNEY, MARMELADE ODER GELEE MACHEN SIE SICH HERVORRAGEND ALS BROTAUFSTRICH, ZU FLEISCH ODER VERFEINERN DUNKLE SOSSEN.

Hagebuttenmarmelade

*1 kg **Hagebutten** waschen, halbieren und die Kerne und kleinen Härchen entfernen. **2 Vanilleschoten** längs aufschneiden, das Mark herauskratzen. Die Hagebutten mit **½ l Wasser** und dem Vanillemark in einem Topf aufkochen, etwa 7 Minuten köcheln lassen, dann mit dem Stabmixer fein pürieren (bei Bedarf noch etwas Wasser zugeben, die Masse sollte dickflüssig sein). Durch ein feines Sieb streichen, dann das Hagebuttenpüree abwiegen und im Mischverhältnis **2:1 Gelierzucker (ca. 500 g)** hinzufügen und verrühren. Mit 1 Prise Salz unter ständigem Rühren aufkochen, 5 Minuten köcheln lassen. Die fertige Konfitüre in saubere Gläser füllen, sofort verschließen, auf den Deckel stellen und vollständig abkühlen lassen. Die Marmelade ist, an einem kühlen, dunklen Ort aufbewahrt, mindestens 1 Jahr haltbar.*

Kristin Güllich

Brombeer-Chutney

__2 rote Zwiebeln__ schälen und in feine Würfel schneiden. __1 Scheibe Ingwer__ und __1 Knoblauchzehe__ schälen und ebenso in sehr feine Würfel schneiden. __600 g Brombeeren__ verlesen, waschen und trocken tupfen. In einer Pfanne __2 EL braunen Zucker__ karamellisieren. Zwiebel, Ingwer und Knoblauch kurz darin andünsten. Mit __100 ml Apfelbalsamessig__ ablöschen, die Brombeeren dazugeben. __3 Pimentkörner, 3 Wacholderbeeren, ½ TL ganzen Kümmel__ und __¼ TL Korianderkörner__ im Mörser leicht andrücken und untermischen. Mit __Salz, Pfeffer__ und __Chilipulver__ abschmecken. Das Chutney sirupartig einköcheln und heiß in saubere Gläser füllen.

Maria Bogner

Preiselbeeren im Glas

__500 g Preiselbeeren__ verlesen, in stehendem kaltem Wasser waschen, abtropfen lassen und in einem Topf mit __250 g Zucker__ mischen. Mindestens 1 Stunde Saft ziehen lassen. Die Preiselbeeren aufkochen und bei mittlerer Hitze offen etwa 15 Minuten dickflüssig einköcheln. Die Gelierprobe machen: 1 TL Marmelade auf einen kühlen Teller geben, wenn sie schnell fest wird, sind die Preiselbeeren fertig. Mit __je 1 Prise Salz__ und __Zimt__ abschmecken. In sterilisierte Gläser füllen und sofort verschließen. Zum Abkühlen auf den Deckel stellen.

ZS-Redaktion

Schwarzes-Johannisbeer-Gelee

__1 Bio-Orange__ heiß waschen, trocken reiben, die Schale in breiten Streifen abschneiden und den Saft auspressen. __250 g Schwarze Johannisbeeren__ verlesen, waschen, abtropfen lassen und von den Rispen lösen. In einem großen Topf __1 ¾ l Schwarzen-Johannisbeer-Nektar__ mit __¼ l trockenem Rotwein, 300 g Zucker, 1 kg Gelierzucker (2:1)__ sowie Orangensaft und -schale mischen. Unter Rühren langsam zum Kochen bringen, dann nicht weiter rühren und offen bei mittlerer Hitze 4 Minuten kochen. Orangenschalen entfernen, Beeren hinzufügen und 2 Minuten mitkochen. Das Gelee in sterilisierte Gläser füllen, gut verschließen und auf den Deckel gestellt vollständig auskühlen lassen.

ZS-Redaktion

Wald-und-Wiesen-Burger

VOM WASSERBÜFFEL

Zutaten für 6 Personen

Für die Brötchen:
4 EL Milch
20 g Zucker
½ Würfel Hefe (21 g)
250 g Mehl
Salz
2 Eigelb (Größe M)
40 g Butter
Sesamsamen zum Bestreuen

Für das Chutney:
650 g rote Zwiebeln
Olivenöl
5 EL gelbe Senfkörner
50 g brauner Zucker
10 EL Aceto balsamico

Für die Burger:
200 g Schmand
2 EL Preiselbeeren im Glas (siehe S. 87)
Salz
Pfeffer aus der Mühle
2 Handvoll gemischte Wildkräuter oder Salate
1,2 kg Hackfleisch vom Wasserbüffel (ersatzweise Rinderhackfleisch)
6 Scheiben Büffelgouda

1 Für die Brötchen 2 EL Milch und 100 ml lauwarmes Wasser in eine Schüssel geben. Den Zucker unterrühren und die Hefe dazubröckeln. Die Mischung 5 Minuten stehen lassen. Mehl, 4 g Salz, 1 Eigelb und Butter dazugeben und alles zu einem geschmeidigen Teig kneten. Den Teig zugedeckt an einem warmen Ort 1 Stunde gehen lassen. Anschließend in 6 Portionen (à ca. 80 g) teilen und diese zu Kugeln formen. Auf ein mit Backpapier belegtes Backblech legen, flach drücken und mit einem Küchentuch bedeckt weitere 30 Minuten gehen lassen.

2 Den Backofen auf 180 °C vorheizen. Das übrige Eigelb mit der restlichen Milch verquirlen und die Teiglinge damit bestreichen. Mit Sesam bestreuen und im heißen Ofen auf der mittleren Schiene etwa 20 Minuten goldbraun backen.

3 Inzwischen für das Chutney die Zwiebeln schälen und in feine Ringe schneiden. Das Olivenöl in einer großen Pfanne erhitzen und die Zwiebeln darin bei schwacher Hitze mit geschlossenem Deckel etwa 15 Minuten dünsten. Die Senfkörner und den Zucker unterrühren. Offen etwa 5 Minuten karamellisieren. Den Essig unterrühren und 2 Minuten einkochen lassen. Vom Herd nehmen und abkühlen lassen. Die Brötchen aus dem Ofen nehmen und abkühlen lassen.

4 Für die Burger den Backofen auf 175 °C vorheizen, den Backofengrill zuschalten. Den Schmand mit den Preiselbeeren verrühren und mit Salz und Pfeffer würzen. Die Wildkräuter verlesen, waschen und trocken schütteln. Das Hackfleisch mit Salz und Pfeffer würzen, zu 6 Pattys formen und flach drücken. Auf einem mit Backpapier belegten Backblech im heißen Ofen auf der mittleren Schiene 15 Minuten grillen. Mit je 1 Scheibe Gouda belegen und weitere 5 Minuten grillen.

5 Die Brötchen aufschneiden. Eine große Pfanne erhitzen und die Brötchen darin kurz rösten. Die untere Hälfte mit reichlich Preiselbeerschmand bestreichen. Die Wildkräuter darauf verteilen und die Pattys daraufsetzen. Etwas Zwiebelchutney daraufgeben und die obere Brötchenhälfte auflegen. Eventuell mit einem Holzstäbchen fixieren. Das übrige Zwiebelchutney dazu servieren. Dazu passen Süßkartoffel-Pommes.

Coq à la bière

HUHN GESCHMORT IN DUNKLEM DOPPELBOCK MIT BAMBERGER HÖRNLA UND OFENGEMÜSE

Zutaten für 4 Personen

Für das Hähnchen:
1 Bauernhuhn oder 4–5 große Hähnchenschenkel
700 ml dunkler Doppelbock (Porter)
3 Zweige Rosmarin
4 Zweige Thymian
2 Möhren
2 Lorbeerblätter
3 Gewürznelken
Salz
Pfeffer aus der Mühle
3 Zwiebeln
2 Knoblauchzehen
Butter oder Gänsefett
1 EL Tomatenmark
¼ l Hühnerbrühe
40 ml Bierbrand Barrique
200 g Steinpilze
200 g Pfifferlinge

Für das Gemüse:
400 g Bamberger Hörnla
200 g gemischte Möhren (z. B. gelb und schwarz)
200 g Cocktailtomaten
2 Zweige Rosmarin
3 Zweige Thymian
Olivenöl
Salz
Pfeffer aus der Mühle

Außerdem:
250 g fränkischer Landschinken (in Scheiben)
Rosmarin zum Garnieren

1 Am Vortag das Huhn in Stücke teilen, waschen, trocken tupfen und in eine Schale legen. Mit gut ½ l Bier übergießen. Die Kräuter waschen und trocken schütteln. Die Möhren putzen, waschen und in Stücke schneiden. Kräuterzweige, Möhren, Lorbeerblätter und 1 Gewürznelke zum Bier geben und das Huhn darin zugedeckt über Nacht marinieren.

2 Am nächsten Tag das Fleisch aus der Marinade nehmen und die Marinade durch ein Sieb gießen. Die Zutaten im Sieb und die Marinade beiseitestellen. Das Fleisch mit Salz und Pfeffer würzen.

3 Die Zwiebeln schälen, 1 Zwiebel halbieren und mit den übrigen Gewürznelken spicken, die restlichen Zwiebeln in Würfel schneiden. Den Knoblauch schälen und in feine Würfel schneiden. Butter oder Gänsefett erhitzen und die Hähnchenteile darin auf beiden Seiten goldbraun anbraten. Herausnehmen. Zwiebelwürfel, Knoblauch und Tomatenmark im Topf anbraten. Mit der Biermarinade ablöschen und mit der Brühe aufgießen. Gewürze, Möhrenstücke, gespickte Zwiebel und Hähnchenteile dazugeben. Alles mit geschlossenem Deckel bei mittlerer Hitze 1 ½ bis 2 Stunden garen.

4 Für das Gemüse den Backofen auf 160 °C vorheizen. Die Kartoffeln waschen und vierteln. Die Möhren putzen, waschen und in etwa 1 cm dicke Scheiben schneiden. Die Cocktailtomaten waschen. Die Kräuter waschen und trocken tupfen. Die Kartoffeln und die Möhren mit Olivenöl und den Kräutern auf einem Backblech verteilen, mit Salz und Pfeffer würzen und im heißen Ofen auf der mittleren Schiene 30 bis 40 Minuten garen. Nach 10 Minuten die Cocktailtomaten dazugeben.

5 Am Ende der Garzeit den Bierbrand zum Huhn geben und weiterköcheln lassen. Die Pilze putzen, trocken abreiben und halbieren. Zu den Hühnerteilen geben und 20 Minuten mitkochen.

6 Den Schinken in einer Pfanne ohne Fett knusprig braten. Zum Servieren die Hähnchenteile mit Soße, Pilzen, Kartoffeln und Ofengemüse auf Tellern anrichten. Den Schinken darauflegen und jede Portion mit 1 Zweig Rosmarin garnieren.

Rieslinghähnchen

MIT KRÄUTERSPÄTZLE UND FEINEM WURZELGEMÜSE

Zutaten für 6 Personen

Für das Hähnchen:

6 Hähnchenbrustfilets (à ca. 150 g)
1 große Zwiebel
250 g Möhren
150 g Knollensellerie
1 große Stange Lauch (ca. 300 g)
12 Champignons
90 g Butter
Salz
Pfeffer aus der Mühle
1 l Riesling (ersatzweise anderer kräftiger Weißwein)
300 g Crème fraîche

Für die Spätzle:

Salz
600 g Mehl
8 Eier (Größe M)
frisch geriebene Muskatnuss
3 EL Butter
ca. 6 EL fein gehackte Kräuter (z. B. Petersilie, Wiesenkerbel, Schnittlauch, Giersch)

1 Das Hähnchenfleisch waschen, trocken tupfen und in Streifen schneiden. Die Zwiebel schälen und fein würfeln. Möhren, Sellerie und Lauch putzen, schälen bzw. waschen und in feine, etwa 4 cm lange Streifen schneiden. Die Champignons putzen, falls nötig trocken abreiben, und in Scheiben schneiden.

2 Die Butter in einem Topf erhitzen und die Hähnchenstreifen darin rundum anbraten. Gemüsestreifen und Champignons dazugeben und alles bei mittlerer Hitze weiterbraten, bis das Fleisch etwas Farbe bekommt. Mit Salz und Pfeffer würzen und mit dem Wein ablöschen. Aufkochen und etwa 5 Minuten bei starker Hitze kochen. Die Crème fraîche unterrühren und alles so lange weiterkochen, bis das Fleisch gar und die Soße sämig eingedickt ist. Nochmals mit Salz und Pfeffer abschmecken, dann warm halten.

3 Während das Fleisch gart, für die Spätzle in einem großen Topf reichlich Salzwasser zum Kochen bringen. Inzwischen das Mehl in eine Schüssel geben und in die Mitte eine große Mulde drücken. Die Eier mit 100 ml Wasser, etwa ½ TL Salz sowie 1 Prise Muskatnuss in die Mulde geben. Alles zunächst mit der Hand oder einem Kochlöffel vorsichtig vermengen und anschließend kräftig schlagen, bis ein glatter Teig entstanden ist, der Blasen wirft. Der Teig sollte sehr zähflüssig sein, bei Bedarf noch etwas Wasser oder Mehl unterschlagen.

4 Aus dem Teig nach und nach Spätzle kochen. Dafür jeweils portionsweise Teig in einen Spätzlehobel geben in das kochende Salzwasser schaben. Einmal aufkochen und anschließend bei reduzierter Hitze einige Minuten gar ziehen lassen. Eine Schüssel mit kaltem Wasser bereitstellen. Fertige Spätzle mit einem Schaumlöffel aus dem Topf nehmen und in das kalte Wasser geben. Wenn alle Spätzle fertig sind, diese in ein Sieb abgießen und mit kaltem Wasser abbrausen.

5 Die Butter in einer großen Pfanne zerlassen und die Spätzle darin schwenken und erhitzen. Zum Schluss die Kräuter untermischen. Hähnchen, Gemüse und Spätzle auf Tellern anrichten.

Lachs

MIT WEINSCHAUM-SAUERAMPFER-SOSSE, SPARGEL UND JUNGEN KARTOFFELN

Zutaten für 4 Personen

Für die Weinschaumsoße:
ca. 400 g Fischkarkassen
1 Bund Suppengemüse
1 Zwiebel
3 EL Butter
150 ml trockener Weißwein
Salz
1 Lorbeerblatt
½ TL schwarze Pfefferkörner
½ TL Pimentkörner
2 Schalotten
1 EL Mehl
100 g Sahne
Pfeffer aus der Mühle
frisch gemahlener Piment
frisch geriebene Muskatnuss
1 EL Sauerampfer

Für die Kartoffeln:
400 g junge kleine Kartoffeln
Salz
2 Zweige Rosmarin
1 EL Butter

Für den Lachs:
4 Lachsfilets (à 150 g; mit Haut)
1 EL Butterschmalz
Salz
Pfeffer aus der Mühle

Für den Spargel:
1 kg grüner Spargel
Salz
Zucker

1 Für die Weinschaumsoße die Fischkarkassen zerkleinern und mehrere Stunden wässern, das Wasser zwischendurch mehrmals wechseln. Die Karkassen herausnehmen und gut abtropfen lassen.

2 Das Suppengemüse putzen und schälen bzw. waschen. Die Zwiebel schälen. Alles in grobe Stücke schneiden. In einem Topf 2 EL Butter erhitzen und die Karkassen mit dem Suppengemüse darin andünsten. Mit 100 ml Weißwein ablöschen und ¾ l Wasser angießen. Aufkochen und den aufsteigenden Schaum mit dem Schaumlöffel entfernen. Etwas Salz, Lorbeerblatt, Pfeffer- und Pimentkörner hinzufügen und den Fond bei schwacher Hitze 1 Stunde köcheln lassen. Den Fond durch ein feines Tuch passieren und auf 300 ml einkochen (ersatzweise 300 ml Fischfond aus dem Glas verwenden).

3 Die Schalotten schälen, in feine Würfel schneiden und in der restlichen Butter andünsten. Das Mehl dazugeben und kurz anschwitzen. Mit dem Fischfond ablöschen und unter Rühren aufkochen lassen. Die Sahne dazugeben und die Soße warm halten.

4 Inzwischen die Kartoffeln mit der Schale gründlich waschen und in Salzwasser etwa 15 Minuten fast gar kochen. Die Kartoffeln abgießen. Den Rosmarin waschen, trocken tupfen und die Nadeln abstreifen. Die Butter in einer Pfanne erhitzen und die Kartoffeln mit dem Rosmarin darin bei mittlerer Hitze unter Schwenken leicht anbräunen.

5 Für den Lachs den Backofen auf 100 °C vorheizen. Die Fischfilets waschen und trocken tupfen. Das Butterschmalz in einer ofenfesten Pfanne erhitzen und die Filets darin auf der Hautseite goldbraun anbraten. Die Pfanne vom Herd nehmen, den Lachs mit Salz und Pfeffer würzen, vorsichtig wenden. Die Pfanne mit Alufolie abdecken und den Fisch im heißen Ofen auf der mittleren Schiene etwa 10 Minuten fertig garen.

6 Inzwischen den Spargel waschen, im unteren Drittel schälen und die holzigen Enden abschneiden. In einem großen Topf reichlich Wasser mit je 1 TL Salz und Zucker aufkochen. Den Spargel im leicht siedenden Wasser etwa 10 Minuten bissfest garen.

7 Den restlichen Wein zur Weinsoße geben und mit Salz, Pfeffer und je 1 Prise Piment und Muskatnuss abschmecken. Mit dem Stabmixer aufschäumen. Den Sauerampfer waschen, trocken tupfen und in feine Streifen schneiden, dann vorsichtig unter die Soße heben. Den Spargel mit dem Schaumlöffel herausnehmen und abtropfen lassen. Mit dem Lachs und den jungen Kartoffeln auf Teller verteilen. Die Weinschaum-Sauerampfer-Soße dazu servieren.

Gemüsestrudel

MIT SPARGELSOSSE UND FRÜHLINGSSALAT

Zutaten für 4 Personen

Für den Strudelteig:
250 g Weizen- oder Dinkelmehl
1–2 EL Öl · Salz
1 Ei (Größe M)
Mehl für die Arbeitsfläche

Für die Füllung:
400 g mehligkochende Kartoffeln
Salz
500 g weißer Spargel
400 g grüner Spargel
Zucker · 3 Schalotten
4 EL Butter
150 g Ebrachtaler natur (am Stück; oder Tilsiter)
1 Bund Schnittlauch
1 Ei (Größe M)
Pfeffer aus der Mühle

Für die Soße:
1 EL Butter · 2 EL Mehl
100 ml Milch
feines Meersalz
Pfeffer aus der Mühle
frisch geriebene Muskatnuss

Für den Frühlingssalat:
4 Handvoll gemischter Salat der Saison (z. B. Rucola, Löwenzahn, Spinat)
Balsamico bianco
1 TL Honig
feines Meersalz
Pfeffer aus der Mühle
2 EL Olivenöl
2 EL gehackte Kräuter (z. B. Dill, Petersilie, Schnittlauch, Pimpinelle)
einige essbare Blüten

1 Für den Strudelteig das Mehl in eine Schüssel sieben und in die Mitte eine Mulde drücken. Das Öl, 1 Prise Salz, etwa ⅛ l lauwarmes Wasser und das Ei in die Vertiefung geben. Alles zu einem glatten Teig verkneten. Den Teig in 2 Teile schneiden und daraus 2 Kugeln formen. In einem Topf Wasser aufkochen, ausleeren und den Topf über den Teig stülpen, 30 Minuten bei Zimmertemperatur ruhen lassen.

2 Inzwischen für die Füllung die Kartoffeln schälen, waschen, vierteln und in Salzwasser etwa 20 Minuten weich garen. Den weißen Spargel ganz, den grünen Spargel nur im unteren Drittel schälen, waschen und die holzigen Enden abschneiden. Den Spargel in einem Topf mit leicht siedendem Salzwasser und 1 Prise Zucker 8 bis 12 Minuten bissfest garen. Den Spargel herausnehmen und den Spargelsud beiseitestellen.

3 Die Kartoffeln in ein Sieb abgießen und durch die Kartoffelpresse in eine Schüssel drücken. Die Schalotten schälen und in feine Würfel schneiden. Die Butter in einer Pfanne erhitzen und die Schalotten darin andünsten. Den Käse reiben. Den Schnittlauch waschen, trocken schütteln und in Röllchen schneiden. Schalotten und Käse zu den Kartoffeln geben. Das Ei und die Hälfte des Schnittlauchs unterrühren, mit Salz und Pfeffer würzen.

4 Den Backofen auf 170 °C vorheizen. Eine Strudelteigkugel auf einem bemehlten Küchentuch mit dem Nudelholz ausrollen und über die Handrücken zu einem hauchdünnen Rechteck ausziehen. Die Hälfte der Kartoffelmasse darauf verteilen und die Hälfte der grünen und weißen Spargelstangen abwechselnd auf die Kartoffelmasse legen. Die Teigenden einschlagen. Den Strudel zusammenrollen und auf ein mit Backpapier belegtes Backblech legen. Den zweiten Strudel auf die gleiche Weise herstellen und beide im heißen Ofen auf der mittleren Schiene 20 bis 30 Minuten goldbraun backen.

5 Inzwischen für die Soße die Butter in einem Topf erhitzen. Das Mehl dazugeben und anschwitzen. Etwa ¼ l Spargelsud und die Milch hineinrühren und aufkochen lassen. Mit Meersalz, Pfeffer und Muskatnuss abschmecken.

6 Für den Frühlingssalat den Salat putzen, waschen und trocken schleudern. Für die Vinaigrette den Essig mit Honig, Meersalz und Pfeffer verrühren, nach und nach das Öl unterschlagen. Die Kräuter unterrühren. Den Salat in vier Schälchen anrichten und das Dressing darüberträufeln. Mit den Blüten bestreuen.

7 Den Strudel aus dem Ofen nehmen und in Scheiben schneiden. Auf Teller verteilen und mit der Spargelsoße und dem Frühlingssalat servieren.

Kartoffelschnecken

MIT KRÄUTERDIP

Zutaten für 4 Personen

Für den Kartoffelteig:
700 g mehligkochende Kartoffeln
Salz · 1 Ei (Größe M)
120 g Mehl
1–2 EL Speisestärke
frisch geriebene Muskatnuss

Für die Füllung:
1 Zwiebel
250 g gemischtes Hackfleisch
1 Ei (Größe M)
2 EL gehackte Petersilie
2 EL Semmelbrösel
Salz · Pfeffer aus der Mühle

Für den Kräuterdip:
250 g Magerquark
150 g Naturjoghurt
3 EL Sahne
2 EL gehackte Kräuter (z. B. Petersilie, Schnittlauch, Kerbel, Pimpinelle, Vogelmiere)
Salz · Pfeffer aus der Mühle

Außerdem:
Öl zum Braten

1 Für den Kartoffelteig die Kartoffeln mit der Schale gründlich waschen und in Salzwasser weich garen. Die Kartoffeln abgießen, ausdampfen lassen und möglichst heiß pellen. Abkühlen lassen. Die Kartoffeln durch die Kartoffelpresse in eine Schüssel drücken. Ei, Mehl und Speisestärke unterkneten und mit Salz und Muskatnuss würzen. Sollte der Teig zu fest sein, 1 bis 2 EL Wasser dazugeben.

2 Den Kartoffelteig auf einer Lage Frischhaltefolie oder Backfolie zu einem Rechteck fingerdick ausrollen.

3 Für die Füllung die Zwiebel schälen und in feine Würfel schneiden. Hackfleisch, Zwiebel und restliche Zutaten mischen und mit Salz und Pfeffer würzen. Die Masse gleichmäßig auf der Kartoffelplatte verteilen. Mithilfe der Folie von einer Längsseite aus fest aufrollen. Die Rolle in etwa 1 cm dicke Scheiben schneiden.

4 Das Öl in einer Pfanne erhitzen und die Kartoffelschnecken darin auf beiden Seiten jeweils etwa 5 Minuten goldbraun braten.

5 Inzwischen für den Kräuterdip alle Zutaten verrühren und mit Salz und Pfeffer abschmecken. Die Kartoffelschnecken mit dem Kräuterdip auf Tellern anrichten. Dazu passt Salat.

Mein Tipp: Die Kartoffelschnecken lassen sich vielfältig variieren: Für eine mediterrane Note vor dem Aufrollen ein paar klein gehackte Oliven und etwas zerkrümelten Fetakäse oder klein gehackte getrocknete Tomaten und fein geriebenen Parmesan über die Füllung streuen. Vegetarisch wird's mit verschiedenen gedünsteten Gemüsesorten zubereitet.

Gefüllte Ofenkartoffeln

MIT BÄRLAUCH

Zutaten für 4 Personen

1 kg festkochende Kartoffeln
Salz
Fett für die Form
20 g Butter
120 g Blauschimmelkäse
Pfeffer aus der Mühle
frisch geriebene Muskatnuss
100 g Bärlauch

1 Die Kartoffeln mit der Schale waschen und in Salzwasser 25 bis 30 Minuten weich garen. Eine ofenfeste Form einfetten. Die Kartoffeln abgießen, längs halbieren und mit einem kleinen Löffel aushöhlen. Das Fruchtfleisch beiseitelegen. Die Kartoffelhälften nebeneinander in die ofenfeste Form setzen.

2 Das Kartoffelfruchtfleisch mit der Butter und dem Blauschimmelkäse vermischen und mit Salz, Pfeffer und Muskatnuss abschmecken. Den Bärlauch verlesen, waschen, trocken schütteln und klein schneiden. Unter die Kartoffelmischung rühren und die Masse in die Kartoffelhälften füllen.

3 Die Kartoffeln im heißen Ofen bei 220 °C Umluft auf der mittleren Schiene 10 bis 15 Minuten goldbraun backen.

Dinkelnudeln

MIT LÖWENZAHNPESTO UND BOCKSHORNKLEEKÄSE

Zutaten für 4 Personen

Für die Dinkelnudeln:
400 g Dinkelmehl
(Type 630 oder 1050)
4 Eier (Größe M)
½ TL Salz
Mehl für die Arbeitsfläche
2 EL Butter

Für das Löwenzahnpesto:
50 g helle Sesamsamen
100 g junge Löwenzahnblätter
3 Knoblauchzehen
150 ml Olivenöl
Salz
Pfeffer aus der Mühle
80 g geriebener Bockshornkleekäse

Außerdem:
Löwenzahnblüten
Gänseblümchen

1 Für die Dinkelnudeln Mehl, Eier und Salz in eine Rührschüssel geben und mit den Knethaken des Handrührgeräts etwa 5 Minuten zu einem glatten Nudelteig verkneten. Den Teig zu einer Kugel formen und zugedeckt 30 Minuten ruhen lassen.

2 Für das Pesto den Sesam in einer Pfanne ohne Fett kurz anrösten und beiseitestellen. Die Löwenzahnblätter waschen, trocken schleudern und grob schneiden. Den Knoblauch schälen. Löwenzahn, Knoblauch und Olivenöl im Mixer fein pürieren. Mit Salz und Pfeffer würzen, 50 g geriebenen Käse und den gerösteten Sesam untermischen. Kühl stellen.

3 Den Teig auf der bemehlten Arbeitsfläche mit dem Nudelholz oder mit der Nudelmaschine etwa 2 mm dick ausrollen. Die Teigplatte mit dem Messer oder mit dem entsprechenden Vorsatz für die Nudelmaschine in 4 mm breite Bandnudeln schneiden. Die Bandnudeln kurz antrocknen lassen.

4 In einem großen Topf reichlich Salzwasser zum Kochen bringen und die Dinkelbandnudeln darin etwa 3 Minuten bissfest garen.

5 Die Butter in einer großen Pfanne zerlassen. Die Nudeln in ein Sieb abgießen und abtropfen lassen. In der Pfanne in der Butter schwenken, dann das Löwenzahnpesto untermischen.

6 Die Bandnudeln in vorgewärmte tiefe Teller verteilen und mit dem restlichen geriebenen Käse bestreuen. Mit Löwenzahnblüten und Gänseblümchen garnieren.

Nachspeisen

IN DIESEN LECKEREN DESSERTS PRÄSENTIEREN SICH BEEREN UND BLÜTEN ALS SÜSSE VERFÜHRUNG.

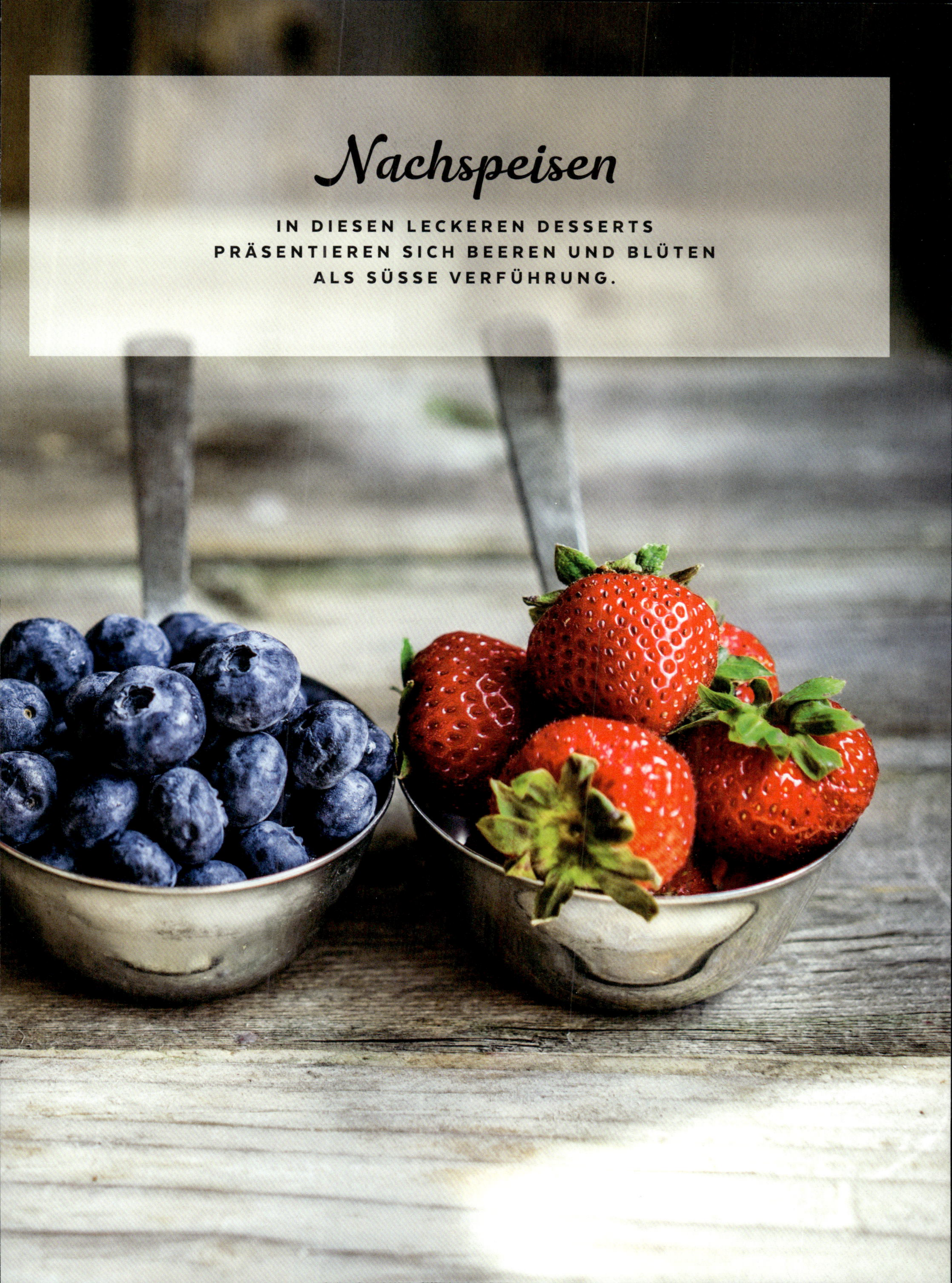

Minitörtchen

MIT ROSENGELEE

Zutaten für 4 Personen

Für den Schokoladenbiskuit:
75 g Mehl
1 EL Kakaopulver
3 Eier (Größe M)
75 g Zucker
Salz

Für die Mascarponecreme:
6 Blatt weiße Gelatine
250 g Mascarpone
250 g Quark
100 g Puderzucker
Mark von 1 Vanilleschote
200 g Sahne

Für das Rosengelee:
6 Blatt weiße Gelatine
250 g ungespritzte rote Duftrosenblätter
100 g Zucker
1 Spritzer Zitronensaft

Außerdem:
Butter und Mehl für die Form
Beeren zum Garnieren

1 Für den Biskuit den Backofen auf 180 °C vorheizen. Das Mehl mit dem Kakaopulver in eine Schüssel sieben. Die Eier trennen. Die Eiweiße mit Zucker und 1 Prise Salz zu Schnee schlagen. Die Eigelbe verquirlen und unter den Eischnee rühren. Die Mehlmischung unterheben. Eine Springform (24 cm Ø) einfetten und mit Mehl ausstäuben. Teig hineingeben und im heißen Ofen auf der mittleren Schiene etwa 20 Minuten backen. Herausnehmen und auskühlen lassen.

2 Für die Mascarponecreme die Gelatine nach Packungsanweisung in kaltem Wasser einweichen. Mascarpone, Quark, Puderzucker und Vanillemark verrühren. Die Gelatine ausdrücken und tropfnass in einem Topf unter Rühren auflösen. Etwas von der Mascarponemasse unterrühren. Die Mischung unter die restliche Creme rühren und kühl stellen. Die Sahne steif schlagen. Sobald die Creme zu gelieren beginnt, die Sahne unterheben.

3 Mit einem Metallring (à 8 cm Ø) 4 Biskuitkreise ausstechen. Vier Metallringe auf einen Teller oder eine Platte setzen, mit den Biskuitböden auslegen, mit der Mascarponecreme füllen und etwa 2 Stunden kühl stellen, bis die Creme fest ist.

4 Für das Rosengelee die Gelatine nach Packungsanweisung in kaltem Wasser einweichen. Die Rosenblätter in ½ l Wasser aufkochen und wieder abkühlen lassen. In ein Sieb abgießen und den Sud auffangen. Den Sud mit Zucker und Zitronensaft in einem Topf erhitzen und die ausgedrückte Gelatine darin auflösen. Etwas abkühlen lassen. Die Törtchen mit dem Gelee überziehen, nochmals 2 Stunden kühl stellen.

5 Die Minitörtchen aus den Ringen lösen, falls nötig, mit einem Messer den Rand entlangfahren und auf Teller verteilen. Nach Belieben mit frischen Beeren garnieren.

Holunder-Schoko-Tarte

MIT PROSECCO-CREME

Zutaten für 1 Tarteform (28 cm Ø)

Für die Teigkruste:
200 g Mehl
50 g Puderzucker
100 g kalte Butter (in kleinen Stücken)
1 Eigelb (Größe M)
25 g Zartbitterschokolade

Für die Füllung:
3 Blatt Gelatine
2 sehr frische Eier (Größe M)
100 ml Prosecco
75 ml Holunderblütensirup (siehe S. 125)
100 g Sahne
50 g Puderzucker
50 g Butter
75 g Zartbitter- und 100 g Vollmilchschokolade (gehackt)

Außerdem:
Butter und Mehl für die Form
getrocknete Hülsenfrüchte
Schokospäne und Blüten zum Garnieren

1 Mehl, Puderzucker, Butter, Eigelb und 1 bis 2 EL kaltes Wasser zu einem glatten Teig verkneten und in Frischhaltefolie gewickelt 1 Stunde kühl stellen.

2 Den Ofen auf 200 °C vorheizen. Den Teig etwa 3 mm dünn ausrollen. In die eingefettete, mit Mehl ausgestreute Form legen, ein Backpapier darüberlegen und mit den Hülsenfrüchten beschweren. Auf der mittleren Schiene etwa 10 Minuten blindbacken. Das Backpapier mit Hülsenfrüchten entfernen, den Teig etwa 10 Minuten fertig backen. Herausnehmen, abkühlen lassen. Den Teig aus der Form lösen. Die Schokolade hacken, im heißen Wasserbad schmelzen und den Boden damit auspinseln.

3 Für die Füllung die Gelatine in kaltem Wasser einweichen. Die Eier trennen. Eigelbe, Prosecco und Sirup in einem Topf unter Rühren bei mittlerer Hitze aufkochen. Sobald die Mischung andickt, vom Herd nehmen. Die Gelatine in der warmen Creme auflösen, dann abkühlen lassen. Die Eiweiße steif schlagen und unter die Masse heben. Die Creme auf dem Boden verteilen und glatt streichen. 1 Stunde kühl stellen.

4 Die Sahne mit dem Puderzucker im Topf aufkochen. Vom Herd nehmen. Butter und Schokolade darin schmelzen, dann abkühlen lassen. Auf der Prosecco-Creme verteilen und mindestens 1 Stunde kühlen. Mit Schokospänen und Blüten verzieren.

Käsekuchen

MIT BEERENKOMPOTT

Zutaten für 4 Personen

Für den Mürbeteig:
200 g Mehl
75 g Zucker
100 g Butter
1 Ei (Größe M)
1 TL Backpulver
1 Päckchen Vanillezucker
Mehl für die Arbeitsfläche

Für die Quarkmasse:
2 Eier (Größe M)
100 g Zucker
500 g Schafmilchquark (oder Speisequark)
1 Päckchen Vanillepuddingpulver
100 ml Schafmilch (oder Kuhmilch)

Für das Beerenkompott:
600 g Heidel- und Holunderbeeren
2 EL Zucker
1 EL Puderzucker
300 ml Schwarzer-Johannisbeer-Saft
4 EL roter Portwein
Saft und abgeriebene Schale von 1 Bio-Zitrone
1 ½ EL Speisestärke

1 Für den Mürbeteig alle Zutaten verkneten und den Teig in Frischhaltefolie gewickelt etwa 30 Minuten kühl stellen.

2 Den Backofen auf 180 °C vorheizen. Den Teig auf der bemehlten Arbeitsfläche ausrollen, 4 Kreise (etwa 6 cm Ø) ausstechen und die Böden von vier Weckgläsern damit auskleiden. Aus dem restlichen Teig 2 cm breite Streifen ausschneiden und die Ränder der Gläser damit auskleiden.

3 Für die Quarkmasse die Eier trennen und die Eiweiße mit der Hälfte des Zuckers steif schlagen. Die restlichen Zutaten miteinander verrühren und den Eischnee unterheben. Die Masse auf die Gläser verteilen. Die Kuchen im Glas auf einem Backblech im heißen Ofen 40 Minuten goldgelb backen.

4 Für das Kompott die Beeren verlesen, waschen und mit dem Zucker bestreuen. Langsam erhitzen und 3 Minuten ziehen lassen. Mit dem Schaumlöffel herausnehmen, beiseitestellen.

5 Den Puderzucker in einem Topf karamellisieren. Mit dem Johannisbeersaft ablöschen. Portwein, Zitronensaft und -schale dazugeben. Die Speisestärke mit wenig Wasser glatt rühren und den Saft damit binden. Die Beeren untermischen. Den lauwarmen Käsekuchen mit dem Kompott anrichten. Nach Belieben etwas Puderzucker darüberstäuben.

Holunderblüten

IM TEIGMANTEL

Zutaten für 4 Personen

12 Holunderblütendolden
1 Ei (Größe M)
50 g Mehl
100 ml Milch
Salz
50 g Sahne
200 g Himbeeren
50 g Zucker
2 TL Himbeergeist
Öl zum Ausbacken (oder Kokosfett)
Puderzucker zum Bestäuben

1 Die Holunderblütendolden ausschütteln (nicht waschen!). Das Ei trennen. Das Mehl in eine Schüssel sieben, die Milch und das Eigelb hinzufügen und alles mit den Quirlen des Handrührgeräts zu einem glatten Teig verrühren. Das Eiweiß mit 1 Prise Salz zu steifem Schnee schlagen und kühl stellen.

2 Die Sahne steif schlagen. Die Himbeeren verlesen, waschen, trocken tupfen und durch ein feines Sieb streichen. Die Himbeersoße mit dem Zucker und dem Himbeergeist mischen und als Spiegel auf Dessertteller verteilen. Jeweils etwas Sahne draufgeben und mit einem Holzstäbchen ein Muster in die Himbeersoße ziehen.

3 Den Eischnee unter den Teig heben. Das Öl in einem großen Topf (oder der Fritteuse) erhitzen. Es ist heiß genug, wenn sich an einem hineingehaltenen Holzlöffelstiel Blasen bilden. Die Dolden einzeln durch den Teig ziehen, etwas abtropfen lassen und jede Dolde etwa 2 Minuten frittieren. Auf Küchenpapier abtropfen lassen und mit Puderzucker bestäuben. Die Holunderblüten auf dem Himbeerspiegel anrichten.

Mein Tipp: Wenn es etwas schneller gehen soll, püriere ich die Himbeeren für den Spiegel, anstatt sie zu passieren. Sehr lecker schmeckt dieses Dessert mit Vanilleeis.

Krapfen

MIT HAGEBUTTENMARMELADE

Zutaten für ca. 50 Stück

2 kg Mehl + etwas mehr für die Arbeitsfläche
125 g Zucker
125 g frische Hefe
1–1 ¼ l Milch
25 g Salz
6 Eier (Größe M)
125 g Schweinefett
ca. 1 kg Butterschmalz
ca. 250 g Hagebuttenmarmelade (siehe S. 86)
Puderzucker zum Bestreuen

1 Die Hälfte des Mehls mit 1 Prise Zucker mischen. In die Mitte eine Mulde hineindrücken und die Hefe hineinbröckeln. Die Milch leicht erwärmen, dazugießen und die Mischung mit den Knethaken der Kuchenmaschine zu einem Teig verkneten. Zugedeckt an einem warmen Ort etwa 30 Minuten gehen lassen, bis sich das Volumen des Teigs in etwa verdoppelt hat.

2 Das restliche Mehl, Salz, den übrigen Zucker und die Eier unterkneten. Das Fett leicht erwärmen, dazugeben und den Teig bei Zimmertemperatur 15 Minuten gehen lassen. Dabei den Teig alle 5 Minuten gut durchkneten. Den Teig dann mit der Hand zu einer flachen Kugel formen und eventuelle Luftbläschen entfernen.

3 Den Hefeteig auf der bemehlten Arbeitsfläche etwa 3 cm dick ausrollen oder mit den Händen flach ausdrücken. Mit einem runden Ausstecher (ca. 8 cm Ø) etwa 50 Teigkreise ausstechen.

4 Das Butterschmalz in einem weiten Topf erhitzen. Das Schmalz ist heiß genug, wenn sich an einem hineingehaltenen Holzlöffelstiel kleine Blasen bilden. Die Teigkreise portionsweise ins Schmalz geben und schwimmend ausbacken. Sobald die Unterseite braun gebacken ist, die Krapfen wenden. Dann mit dem Schaumlöffel herausheben und auf Küchenpapier abtropfen lassen.

5 Die Marmelade in eine Backspritze oder einen Spritzbeutel mit langer, dünner Lochtülle füllen. Die Backspritze seitlich ansetzen und die leicht abgekühlten Krapfen mittig mit Marmelade füllen. Fertig abkühlen lassen und mit Puderzucker bestreuen.

Rosa Quark

MIT RHABARBER UMD WALNUSSKROKANT

Zutaten für 4 Personen

Für die kandierten Rosenblüten:
1–2 halb geöffnete, ungespritzte Rosenblüten
1 Eiweiß (Größe M)
Zucker

Für den rosa Quark:
250 g Speisequark
1 kleine Rote Bete
1–2 EL Zucker
2 EL Rosenwasser (aus der Apotheke)
200 g Sahne

Für das Rhabarberkompott:
500 g Rhabarber
½ TL Anissamen
50 ml Apfelsaft
50 g Zucker
Mark von ½ Vanilleschote

Für den Walnusskrokant:
1 Handvoll Walnusskerne
1 EL Butter
1 EL Zucker

1 Am Vortag für die kandierten Rosenblüten den Backofen auf 50 °C vorheizen. Ein Backblech mit Backpapier belegen. Die Blütenblätter abzupfen, vorsichtig waschen und trocken tupfen. Das Eiweiß mit dem Schneebesen leicht anschlagen (es soll nicht weiß und schaumig werden). Die Blütenblätter in das Eiweiß tauchen und abtropfen lassen.

2 Etwas Zucker auf die Blütenblätter streuen oder diese vorsichtig darin wenden. Die Blütenblätter auf das Blech legen und im heißen Ofen etwa 1 Stunde trocknen lassen.

3 Am nächsten Tag für den rosa Quark den Quark in ein sauberes Küchentuch geben, in ein Sieb legen und 4 Stunden abtropfen lassen. Die Rote Bete in kochendem Wasser etwa 45 Minuten weich garen. Abgießen, schälen, im Küchenmixer oder mit dem Stabmixer pürieren und abkühlen lassen.

4 Inzwischen für das Rhabarberkompott den Rhabarber waschen, schälen und in Stücke schneiden. Die Anissamen in einen Einwegteebeutel geben und zubinden. Rhabarber, Apfelsaft, Zucker und Anis in einen Topf geben und etwa 10 Minuten weich garen. Das Vanillemark dazugeben und den Anis entfernen. Das Rhabarberkompott abkühlen lassen.

5 Den abgetropften Quark mit Roter Bete, Zucker und Rosenwasser verrühren. Die Sahne steif schlagen und unter den Quark heben.

6 Für den Walnusskrokant die Walnüsse grob hacken. Die Butter in einer kleinen Pfanne aufschäumen. Die Walnüsse dazugeben und kurz anrösten. Den Zucker darüberstreuen und die Nüsse unter Rühren goldbraun karamellisieren. Auf einen Teller geben und abkühlen lassen.

7 Das Rhabarberkompott auf Schälchen verteilen und den rosa Quark daraufsetzen. Mit dem Walnusskrokant und den kandierten Rosenblüten garnieren.

Apfelschaumcreme

AUF BEERENSPIEGEL

Zutaten für 4 Personen

Für die Apfelschaumcreme:
400 ml Apfelsaft
4 Blatt weiße Gelatine
4 Eigelb (Größe M)
2 EL Puderzucker
1 EL Apfellikör
1 EL Zitronensaft
Mark von 1 Vanilleschote
250 g Sahne
2 Eiweiß (Größe M)

Für den Beerenspiegel:
400 g Beeren (z. B. Brombeeren, Heidelbeeren)
3–4 EL Zucker
1 TL Zitronensaft

1 Für die Apfelschaumcreme den Apfelsaft auf etwa ¼ l einkochen. Die Gelatine in kaltem Wasser einweichen. Die Eigelbe mit dem Puderzucker etwa 5 Minuten schaumig schlagen. Likör, Zitronensaft und Vanillemark unterrühren.

2 Die Gelatine gut ausdrücken und unter Rühren in einem Topf auflösen. 2 EL von der Eigelbmasse unterrühren, dann die Gelatine unter die restliche Eimasse rühren. Nach und nach den Apfelsaft mit dem Schneebesen unterrühren. Die Creme in den Kühlschrank stellen, bis sie zu gelieren beginnt.

Dann die Sahne steif schlagen. Die Eiweiße zu einem steifen Schnee schlagen. Beides vorsichtig unter die Creme heben. Die Creme in Metallringe (à 7,5 cm Ø) auf Dessertteller füllen und etwa 3 Stunden kühl stellen.

3 Für den Beerenspiegel die Beeren verlesen, waschen und in einem Topf mit etwas Zucker und Zitronensaft kurz erhitzen, durch ein feines Sieb streichen und kühl stellen.

4 Die Apfelschaumcreme mit einem Messer vorsichtig vom Rand der Metallringe lösen und diese abheben. Das Beerenpüree darum herumverteilen. Nach Belieben mit Beeren und Minzblättern garnieren.

Mohn-Joghurt-Mousse

AUF HIMBEERSPIEGEL

Zutaten für 6 Personen

250 g Himbeeren
70 g Zucker
3 Päckchen Vanillezucker
6 Blatt weiße Gelatine
200 g Sahne
500 g Naturjoghurt (3,5 % Fett)
100 g gemahlener Mohn
Malvenblüten zum Garnieren

1 Die Himbeeren verlesen, waschen und trocken tupfen. Die Beeren in einem kleinen Topf aufkochen, 2 EL Zucker und den Vanillezucker dazugeben und etwas einkochen lassen. Die Himbeeren durch ein feines Sieb streichen, sodass möglichst wenig Kerne im Himbeermark bleiben.

2 Die Gelatine in wenig kaltem Wasser 10 Minuten einweichen. Die Sahne in einem hohen Rührbecher mit den Quirlen des Handrührgeräts steif schlagen und kühl stellen. Den Joghurt mit dem restlichen Zucker und dem Mohn verrühren.

3 Die Gelatine gut ausdrücken und tropfnass in einem kleinen Topf bei schwacher Hitze auflösen. 2 bis 3 EL der Joghurtmasse unterrühren, dann die Gelatinemischung unter den restlichen Joghurt rühren. Die Joghurtmischung etwa 30 Minuten kühl stellen, bis sie zu gelieren beginnt. Erst dann die Sahne mit dem Schneebesen unterheben und die Mousse zugedeckt mindestens 4 Stunden kühl stellen.

4 Das Himbeermark als Spiegel auf Desserttellern verteilen. Aus der Mohnmousse mit zwei Esslöffeln Nocken abstechen und auf den Himbeerspiegel setzen. Nach Belieben mit Schlagsahne, Himbeeren und Malvenblüten garniert servieren.

Erdbeer-Joghurt-Terrine

MIT HONIGEIS

Zutaten für 4 Personen

Für das Eis:
100 g Honig (z. B. Waldhonig)
1 Vanilleschote
2 Eigelb (Größe M)
250 g Sahne

Für die Terrine:
9 Blatt weiße Gelatine
200 g Walderdbeeren
2 EL Zitronensaft
1 EL Puderzucker
3 EL geschälte ungesalzene Pistazien
150 g Sahne
100 g Doppelrahmfrischkäse
300 g Naturjoghurt
2 EL Crème fraîche
2 EL Zucker

1 Für das Eis den Honig erwärmen. Die Vanilleschote längs halbieren, das Mark herauskratzen. Eigelbe, Vanillemark und Sahne zum Honig geben und unter stetigem Rühren erhitzen, bis die Masse andickt. Beiseitestellen, abkühlen lassen und in der Eismaschine zu einem cremigen Eis gefrieren lassen.

2 Für die Erdbeerschicht der Terrine 3 Blatt Gelatine in kaltem Wasser einweichen. Die Erdbeeren waschen, putzen und die Hälfte mit 1 EL Zitronensaft und dem Puderzucker fein pürieren. 2 EL des Pürees beiseitestellen. Eine kleine Kastenform (10 x 16 cm) mit Frischhaltefolie auskleiden. Die Gelatine gut ausgedrückt in einem Topf leicht erwärmen und auflösen. 1 EL Erdbeerpüree unterrühren, dann unter das restliche Erdbeerpüree rühren. Die Masse in die vorbereitete Form füllen und im Kühlschrank fest werden lassen.

3 Für die Pistazienschicht 3 Blatt Gelatine in kaltem Wasser einweichen. Die Pistazien in einer Pfanne ohne Fett leicht rösten, herausnehmen, abkühlen lassen und im Küchenmixer grob mahlen. Die Sahne steif schlagen. Den Frischkäse mit den Pistazien verrühren. Die Gelatine gut ausdrücken, in einem Topf leicht erwärmen und auflösen. 2 EL Frischkäsemasse unterrühren, dann unter den restlichen Frischkäse rühren. Die Sahne unterheben, die Pistazienmasse auf die Erdbeerschicht streichen und wieder im Kühlschrank fest werden lassen.

4 Für die Joghurtschicht die restliche Gelatine in kaltem Wasser einweichen. Den Joghurt mit Crème fraîche, Zucker und restlichem Zitronensaft verrühren. Die Gelatine gut ausgedrückt in einem Topf leicht erwärmen und auflösen. 2 EL Joghurtcreme unterrühren, dann unter den restlichen Joghurt rühren. Zwei Drittel der übrigen Erdbeeren püriert oder in kleine Stücke geschnitten unterheben und die Masse abschließend auf der Pistazienschicht verstreichen. Die Terrine mindestens 3 Stunden kühl stellen.

5 Die fertige Terrine vorsichtig stürzen, die Folie entfernen und die Terrine in Scheiben schneiden. Die Terrinenscheiben mit je 1 Kugel Honigeis anrichten und mit den restlichen Erdbeeren und dem übrigen Püree garnieren.

Gefrorenes Joghurttörtchen

AUF BROMBEERSPIEGEL MIT WAFFELHERZEN

Zutaten für 6 Personen

Für die Törtchen:
300 g Brombeeren
1 TL Zitronensaft
1 TL Honig
80 g Schokokekse
50 g Butter
500 g Schafmilchjoghurt (oder griechischer Joghurt)
100 g Frischkäse
100 g Sahne
50 g Puderzucker
ausgekratztes Mark von ½ Vanilleschote
essbare Blüten zum Garnieren (z. B. Malvenblüten)
100 g Zartbitterkuvertüre
1 TL Kokosfett

Für den Brombeerspiegel:
400 g Brombeeren
1 EL Ahornsirup
1 Päckchen Vanillezucker
1 TL Puderzucker
1 TL Zitronensaft

Für die Waffeln:
350 g Mehl
200 g Butter
165 g Zucker
½ Päckchen Backpulver
1 Päckchen Vanillezucker
4 Eier (Größe M)
etwas Mineralwasser (mit Kohlensäure)
Butter zum Einfetten

1 Für die Törtchen die Brombeeren verlesen, waschen und trocken tupfen. Die Beeren in einem hohen Rührbecher mit dem Stabmixer pürieren und durch ein feines Sieb in einen kleinen Topf streichen. Mit Zitronensaft und Honig aufkochen und etwa 1 Minute sanft köcheln lassen. Vom Herd nehmen und abkühlen lassen.

2 Die Kekse zerbröseln. Die Butter zerlassen, kurz abkühlen lassen und unter die Kekskrümel rühren. Sechs Dessertringe (à 7 ½ cm Ø) auf eine gefriertaugliche, mit Backpapier ausgelegte Platte stellen. Die Keksmasse in die Dessertringe füllen und festdrücken.

3 Den Joghurt mit Frischkäse, Sahne, Puderzucker und Vanillemark verrühren. Das Brombeermus unterrühren, eventuell mit etwas Puderzucker abschmecken. Die Masse in die Eismaschine geben und etwa 1 Stunde cremig gefrieren. Dann auf die Dessertringe verteilen und die Törtchen etwa 4 Stunden im Tiefkühlfach frieren lassen. Einige Minuten vor dem Servieren die Törtchen herausnehmen und bei Zimmertemperatur antauen lassen.

4 Während der Auftauzeit die Blüten vorsichtig waschen und trocken tupfen. Die Kuvertüre mit dem Kokosfett im heißen Wasserbad schmelzen. Mit einem scharfen, dünnen Messer am Rand der Dessertringe entlangfahren, die Törtchen lösen und vorsichtig aus den Ringen drücken. Mit der Kuvertüre übergießen und mit den Blüten garnieren.

5 Für den Brombeerspiegel die Brombeeren verlesen, waschen und trocken tupfen. Die Beeren in einem Topf aufkochen und kurz sanft köcheln lassen. Die Beeren durch ein feines Sieb passieren. Das Brombeermus in einen kleinen Topf geben, sanft erwärmen und einköcheln lassen, bis eine sirupartige Konsistenz erreicht ist. Mit Ahornsirup, Vanillezucker, Puderzucker und Zitronensaft abschmecken. Vom Herd nehmen und abkühlen lassen, nach Belieben mit einigen Tropfen Himbeergeist aromatisieren.

6 Für die Waffeln alle Zutaten zu einem Waffelteig verrühren und im gefetteten Waffeleisen Herzchenwaffeln ausbacken. Den Brombeerspiegel auf Teller aufstreichen und mit Herzchenwaffeln und Törtchen anrichten.

Hopfenlikörreis

MIT HASELNUSSWAFFELN

Zutaten für 4 Personen

Für das Hopfenlikörreis:

¼ l Holunderblütensirup (siehe S. 125)
5 g Hopfenpellets (ersatzweise 1 Handvoll getrockneter Hopfen)
200 g Sahne
4 EL Waldmeistersirup
4 EL Obstler
¼ l Hopfenlimonade
4 EL Hopfenlikör
200 g Brombeeren

Für die Haselnusswaffeln:

125 g Mehl
1 TL Backpulver
25 g gemahlene Haselnüsse
75 g weiche Butter
75 g Zucker
1 Päckchen Vanillezucker
2 Eier (Größe M)
1 TL Hopfenhaselnusskerne (in Öl; ersatzweise dunkles Haselnussmus)
⅛ l Milch
Öl zum Backen

1 Für das Hopfenlikörreis den Holunderblütensirup mit den Hopfenpellets in einem Topf bei mittlerer Hitze etwa 10 Minuten kochen. Durch ein feines Sieb in einen zweiten Topf gießen und abkühlen lassen.

2 Sahne, Holunderblüten- und Waldmeistersirup, Obstler, Hopfenlimonade und -likör verrühren. Die Mischung in der Eismaschine oder im Tiefkühlfach gefrieren lassen. Mit den Quirlen des Handrührgeräts cremig rühren und weiter im Tiefkühlfach anfrieren lassen.

3 Für die Haselnusswaffeln das Mehl mit dem Backpulver und den gemahlenen Nüssen mischen. Die Butter mit Zucker und Vanillezucker mit den Quirlen des Handrührgeräts cremig rühren. Die Eier nacheinander unter die Butter-Zucker-Mischung rühren. Mehlmischung, Hopfenhaselnüsse und Milch dazugeben. Alles zu einem cremigen Teig verrühren.

4 Den Backofen auf 100 °C vorheizen. Das Waffeleisen vorheizen und, falls nötig, mit Öl dünn einfetten. Portionsweise aus dem Teig Waffeln backen und auf dem Kuchengitter im heißen Ofen warm halten.

5 Die Brombeeren verlesen, waschen und trocken tupfen. Das Eis aus dem Tiefkühlfach nehmen, nochmals cremig rühren. Mit dem Eisportionierer aus dem Hopfenlikörreis Kugeln formen und mit den Haselnusswaffeln und Brombeeren auf Tellern anrichten. Die Waffeln mit Puderzucker bestäuben. Nach Belieben mit 1 Klecks Sahne und Waldmeisterblättchen garnieren.

Flüssige Freude!

NICHT NUR IM ESSEN, AUCH IN GETRÄNKEN KÖNNEN SICH ZUTATEN AUS WALD UND WIESEN SEHEN UND SCHMECKEN LASSEN. AROMATISCH DUFTENDE BLÜTEN, KRÄUTER UND BEEREN SIND ZU SIRUP VERARBEITET DIE PERFEKTE BASIS FÜR ERFRISCHENDE LIMONADEN ODER BELEBENDE LIKÖRE.

Löwenzahnblütenlikör mit weißem Rum

__100 g gelbe Löwenzahnblüten__ verlesen, vorsichtig waschen, die gelben Blütenblätter abzupfen und in einem Topf mit __700 ml Wasser__ bedecken. Die Mischung aufkochen und zugedeckt bei schwacher Hitze 5 Minuten köcheln lassen. Vom Herd nehmen und mit geschlossenem Deckel abkühlen lassen. Den Sud durch ein feines Sieb in einen Topf abgießen und __400 g braunen Zucker__ hineinrühren. Die Flüssigkeit erneut aufkochen und bei mittlerer Hitze auf etwa 300 ml einkochen. Den Sirup vom Herd nehmen, abkühlen lassen. In eine sterile Flasche füllen, mit __700 ml weißem Rum__ aufgießen und die Flasche verschließen. Den Löwenzahnblütensirup vor dem Verwenden einen Tag ziehen lassen.

Dieser Likör eignet sich besonders gut zur Ergänzung von Süßspeisen oder als Gipfeltrunk bei einer schönen Wanderung.

Ursula Tigges

Holunderblütensirup

*In einem großen Topf **1 l Wasser** mit **500 g Zucker** und **10 g Zitronensäure** aufkochen und unter Rühren so lange köcheln lassen, bis sich der Zucker vollständig aufgelöst hat. Den Zuckersirup vom Herd nehmen und abkühlen lassen. **10 bis 15 Holunderblütendolden** leicht schütteln, um mögliche Verunreinigungen zu entfernen. **1 unbehandelte Zitrone** in Scheiben schneiden und zusammen mit den Blütendolden in den Topf mit dem Sirup geben, einmal vorsichtig umrühren. Den Sirup abdecken und 2 bis 3 Tage ziehen lassen. Dann durch ein feines Sieb abgießen und nochmals aufkochen. Den Sirup in sterilisierte Flaschen füllen, gut verschließen und bei kühler Zimmertemperatur aufbewahren. Der Sirup hält sich gut ein Jahr.*

ZS-Redaktion

Brombeer- oder Johannisbeersirup

***750 g Beeren** verlesen und waschen, in den Entsafter geben und entsaften. Den Saft mit **150 g Gelierzucker (2:1)** und **250 g Zucker** aufkochen. Den Sirup heiß in sterilisierte Flaschen oder Gläser abfüllen und sofort verschließen. Fest verschlossen hält sich der Sirup mindestens ein Jahr.*

Annette Börger

Rosenblütensirup und -likör

***6 l unbehandelte Rosenblütenblätter** von Duftrosen verlesen und putzen. Zwei Drittel davon mit **3 l kochendem Wasser** übergießen und 1 Tag abgedeckt und kühl gestellt ziehen lassen. Am nächsten Tag die Blätter durch ein Tuch abseihen, die Flüssigkeit auffangen. Zum Kochen bringen, die restlichen Blütenblätter unterrühren und erneut 1 Tag ziehen lassen. Wieder abseihen, die Flüssigkeit auffangen und mit **250 ml Zitronensaft, 500 g Zucker** und **250 g Gelierzucker (2:1)** aufkochen. Den Rosensirup mit **2 EL Rosenwasser** abschmecken und noch heiß in sterilisierte Flaschen oder Gläser abfüllen. Rosenblütenlikör wird daraus, wenn man den Sirup im Verhältnis 1:1 z. B. mit **Himbeergeist** mischt. Schmeckt sommerlich frisch als Rosenblütenlimonade mit Mineralwasser (im Verhältnis 2:1), etwas Zitronensaft, Eiswürfel und frischer Zitronenmelisse.*

Annette Börger

Schokosoufflé

MIT MARINIERTEN HEIDELBEEREN UND SAHNEPARFAIT

Zutaten für 4 Personen

Für das Parfait:
1 Vanilleschote
¼ l Milch
150 g Zucker
3 Eigelb (Größe M)
Salz
500 g Sahne

Für das Soufflé:
weiche Butter für die Förmchen
100 g Zartbitterkuvertüre
200 g Eiweiß (von 6–7 Eiern, Größe M)
100 g Zucker
100 g weiche Butter
3 Eigelb (Größe M)

Für die Heidelbeeren:
500 g Heidelbeeren
80 ml Heidelbeerlikör
2–3 TL Speisestärke
1–2 EL Zucker (nach Belieben)

Für die Garnitur:
ca. 1 EL Puderzucker
Melissenblätter

1 Für das Parfait die Vanilleschote längs aufschneiden, das Mark mit einem spitzen Messer herauskratzen. Mark und Schote mit der Milch in einem Topf aufkochen. Vom Herd nehmen und abkühlen lassen, die Vanilleschote wieder entfernen.

2 Den Zucker in einem Topf mit 100 ml Wasser aufkochen und zu einem Sirup einkochen. Den Sirup vom Herd nehmen und die Eigelbe nach und nach unter die Zuckermasse rühren, bis die Masse dicklich wird. Die Vanillemilch unterrühren und die Masse mit 1 Prise Salz abschmecken. Die Sahne steif schlagen und mit dem Teigschaber unterheben. Eine Kastenform mit Frischhaltefolie auslegen und die Parfaitmasse hineinfüllen. Im Tiefkühlfach mindestens 6 Stunden gefrieren lassen.

3 Für das Soufflé vier Souffléförmchen (à etwa 9 cm Ø) mit Butter einfetten. Die Kuvertüre hacken und in einer Metallschüssel im heißen Wasserbad unter Rühren schmelzen. Die Eiweiße mit den Quirlen des Handrührgeräts zu steifem Schnee schlagen, dabei nach und nach den Zucker einrieseln lassen. Die Butter mit den Eigelben schaumig rühren. Die Kuvertüre nach und nach unterrühren. Den Eischnee mit dem Schneebesen unterheben. Den Teig in die Förmchen verteilen und im Tiefkühlfach mindestens 30 Minuten gefrieren lassen.

4 Für die Heidelbeeren die Beeren verlesen und in einem Sieb kalt abbrausen. Mit dem Likör in einem Topf aufkochen und bei schwacher Hitze 3 Minuten köcheln lassen. Die Speisestärke mit wenig kaltem Wasser glatt rühren. Die Stärkemischung tröpfchenweise unter die köchelnden Heidelbeeren rühren, bis die gewünschte Konsistenz erreicht ist – die Beerenmischung sollte nicht zu flüssig sein. Die Beeren nach Belieben mit Zucker abschmecken und abkühlen lassen.

5 Etwa 30 Minuten vor dem Servieren den Backofen auf 200 °C vorheizen. Die gefrorenen Soufflés auf ein Backblech setzen und im heißen Ofen auf der mittleren Schiene etwa 15 Minuten backen. Die Soufflés herausnehmen, in den Förmchen auf Teller stellen und mit Puderzucker bestäuben. Die marinierten Heidelbeeren daneben verteilen. Das Parfait aus der Form stürzen, in Scheiben schneiden und neben die Heidelbeeren legen. Nach Belieben mit Melissenblättern garnieren. Dazu passt ein Glas Scheurebe Spätlese oder ein Heidelbeerlikör.

Walnussparfait

MIT PREISELBEER-ZWETSCHGEN-KOMPOTT

Zutaten für 4 Personen

Für das Parfait:
80 g Walnusskerne
130 g Zucker
1 Vanilleschote
125 ml Milch
3 Eigelb (Größe M)
2 EL Sahne
Öl für die Form
1 EL Puderzucker

Für das Kompott:
1½ EL brauner Zucker
120 ml Rotwein
½ TL Zimtpulver
½ TL Lebkuchengewürz
2 Sternanis
80–100 g Preiselbeeren (aus dem Glas)
ca. 300 g Zwetschgen (Abtropfgewicht; aus dem Glas)
1–2 EL Speisestärke (nach Bedarf)

1 Die Walnüsse in einer Pfanne ohne Fett anrösten, dann herausnehmen. 50 g Zucker in einer heißen Pfanne bei mittlerer Hitze hellbraun karamellisieren. Die Walnusskerne hinzufügen und unter Rühren rundum mit dem Zucker glasieren. Die Walnusskerne auf einem mit Backpapier belegten Blech verteilen und auskühlen lassen.

2 Die Vanilleschote längs aufschneiden und das Mark herauskratzen. Die Milch mit Vanilleschote und -mark aufkochen. Die Eigelbe mit dem restlichen Zucker in einer Metallschüssel verrühren, die heiße Milch langsam dazugießen und unterrühren, dabei die Vanilleschote entfernen.

3 Die Eier-Milch-Masse über dem heißen Wasserbad mit den Quirlen des Handrührgeräts cremig aufschlagen. Die Schüssel in eine zweite Schüssel mit Eiswasser stellen und die Masse kalt rühren.

4 Die Sahne halbsteif schlagen und unter die Parfaitmasse heben. Die Walnüsse in grobe Stücke hacken und ebenfalls unterheben. Eine Kastenform mit Öl einfetten und mit Frischhaltefolie auslegen. Die Parfaitmasse einfüllen und etwa 6 bis 8 Stunden im Tiefkühlfach gefrieren lassen.

5 Für das Preiselbeer-Zwetschgen-Kompott den Zucker in einer Pfanne karamellisieren und mit 100 ml Rotwein ablöschen. Die Gewürze hinzufügen und den Sud etwa 5 Minuten köcheln lassen. Die Preiselbeeren dazugeben, dann die Zwetschgen. Falls die Soße noch dünnflüssig ist, Speisestärke mit dem restlichen Rotwein anrühren und die Soße damit binden. Vor dem Servieren die Sternanise entfernen.

6 Das Parfait zum Servieren aus der Form heben und in Scheiben schneiden. Mit dem Kompott auf Tellern anrichten und mit dem Puderzucker bestreut servieren.

Kurz vorgestellt

UNSERE LANDFRAUEN KOMMEN AUS GANZ UNTERSCHIEDLICHEN REGIONEN – WAS SIE VERBINDET: DIE LIEBE ZUM LANDLEBEN.

Ursula Baßler
www.heidenhofbrennerei.de

Im nördlichen Schwarzwald übt die Brennmeisterin und Edelbrand-Sommelière mit Leidenschaft ihren Beruf aus. Die Früchte vom eigenen Feld werden bei ihr zu Likören oder Edelbränden verarbeitet, ein Teil davon geht auch zum örtlichen Großmarkt.

▸ *Seite 127*

Marie Bauer

Die junge Bäuerin, die inzwischen verheiratet ist und Hüttner heißt, bewirtschaftet mit ihrem Mann Dominik einen landwirtschaftlichen Betrieb in Neudorf. Als ältestes von sieben Kindern hat sie diese Arbeit bereits auf dem Hof der Eltern gelernt. Heute ist sie selbst Mama eines Sohnes.

▸ *Seite 69, 71*

Barbara Baumann
www.weingut-baumann.de

Das wunderschön gelegene Weingut von Familie Baumann liegt am Rande des Steigerwalds und verfügt über 60.000 Weinstöcke – sowie über einen hofeigenen Brotbackofen und einen charmanten Bauerngarten mit Kräutern und Gemüse.

▸ *Seite 77*

Christine Bernhard
www.jansonbernhard.de

Auf den Weinbergen der Ökowinzerin gedeihen viele essbare Kräuter und Wildpflanzen – neben dem Weinbau die zweite große Leidenschaft der Landfrau. Auf ihrem historischen Weingut verbindet sie alte Traditionen mit zukunftsweisendem ökologischem Handeln.

▸ *Seite 47*

Ulla Bernhard-Räder
www.bernhardraeder.de

Die Leidenschaft der Pflanzenliebhaberin ist nicht nur der Wein: Sie ist fasziniert von Farben, Duft und Geschmack von Kräutern und Blumen. In ihrem 2800 Quadratmeter großen Bauerngarten mit Barfußpfaden können Gäste des Hauses entspannen.

▸ *Seite 49*

Waltraud Berrisch
www.bauer-berrisch.de

Unweit von Düsseldorf auf dem Fehmeshof tummeln sich Hühner, Flugenten, Weidegänse und Schweine. Im Kreis ihrer Familie genießt Waltraud dort die Freiheit, die das Leben in und mit der Natur bietet.

➤ *Seite 59*

Annette Börger
www.pferdepension-boerger.de

Beim Umbau des Hofes zur Pferdepension kristallisierte sich für die Landfrau immer mehr eine Haltungsform heraus, bei der Pferde in Gruppen ganztägig genügend Auslauf haben. Im Aktivstall der Landfrau leben heute über 30 Pferde als Herde.

➤ *Seite 65, 125*

Maria Bogner
www.brotzeit-leben.de

Die Bogners betreiben in Bad Wiessee eine Kleinstlandwirtschaft – inmitten einer bunten Gesellschaft aus Tieren und Pflanzen. Sie sind Selbstversorger, ernähren sich und ihre Kinder fast vollständig von dem, was auf dem Hof wächst und gedeiht.

➤ *Seite 85, 87*

Marion Bohner
www.biohof-bohner.de

Die Kälberaufzucht ist eine von Marions Aufgaben am Hof. Ein weicher Boden im Stall bettet die Milchviehherde auf dem Biohof besonders artgerecht. Und bei schönem Wetter geht's direkt hinaus auf die Weide.

➤ *Seite 43*

Petra Borrmann
www.alpakas-des-westens.de

Bevor sie ihren Traum vom eigenen Hof verwirklichte, arbeitete die Landfrau unter anderem in der Pharmabranche. Inzwischen züchtet sie bereits seit 2013 Alpakas und fühlt sich in diesem Beruf völlig angekommen.

➤ *Seite 31*

Gaby Breuer
www.dreimuehlenhof.de

Der Haupterwerb der Familie Breuer ist die Milchviehwirtschaft. Ein zweites Standbein sind die Ferienwohnungen. Gaby kümmert sich um Kleintiere wie Enten und Hühner, die auch den Gästen ein Naturerlebnis bieten sollen.

➤ *Seite 99*

Wiebke Brinkmann-Roitsch
www.bio-hof-brinkmann.de

Ökologisch zu wirtschaften ist für die Betriebswirtin eine Selbstverständlichkeit: Die ausgefallenen Bio-Erzeugnisse können im Hofladen auch unverpackt eingekauft werden. Vielfältige Seminare ergänzen das Angebot.

➤ *Seite 37*

Rosa Bucheli
www.johanni-hof.de

Aus der Schönheit der Natur schöpft die Landfrau Kraft für ihre vielfältigen Aufgaben auf dem Biohof nahe der Schweiz – nicht nur für ihre Tiere, sondern auch für Radler, Wanderer und Feriengäste, für die sie gemütliche Ferienwohnungen eingerichtet hat.

➤ *Seite 73*

Alexandra Damm
www.wohlgemuth-schnuerr.de

Im Herzen des sonnenverwöhnten Rheinhessens lebt die Mutter von drei Söhnen auf einem Drei-Generationen-Weingut. Gemeinsam mit ihrem Mann baut die experimentierfreudige Landfrau als Quereinsteigerin erlesene Weine an.

➤ *Seite 25, 95*

Anja Frey
www.voelkleswaldhof.de

Die Milchviehbäuerin möchte junge Menschen für die Landwirtschaft begeistern, wobei ihr das Tierwohl besonders am Herzen liegt. Deshalb haben ihre Tiere auch viel Platz zum Grasen, Scharren und Galoppieren.

➤ *Seite 55, 107*

Kristin Güllich
www.metzgerei-albrecht.de

Eine Herde robuster bayerischer Pinzgauer Rinder führt auf dem Hof der Güllichs ein artgerechtes Leben. Als gelernte Metzgermeisterin kocht Kristin damit gern traditionelle fränkische Gerichte für die ganze Familie.

➤ *Seite 86, 111*

Linda Haßold
www.weinhof-am-nussbaum.de

In Unterfranken am Steigerwald hat die Landfrau sich mit ihrem Mann ein kleines Stück Italien geschaffen: Sie bewirtschaften dort dreieinhalb Hektar Weinberg und beherbergen Besucher*innen in einem heimeligen Gästehaus auf ihrem Weinhof.

➤ *Seite 98*

Petra Hettich
www.sigmundenhof.de

In fünfter Generation führt die Bäuerin ihren Ferienhof in der Schwarzwälder Hügellandschaft. Sie und ihr Mann betreiben biologische Landwirtschaft im Einklang mit der Natur und versorgen sich mit Mutterkühen, Hühnern und dem Bauerngarten weitgehend selbst.

▸ *Seite 119*

Barbara Hillejan
www.hof-hillejan.de

Auf dem 500 Jahre alten Hof der Familie Hillejan dreht sich alles um die Schätze des Waldes und den Kreislauf der Natur. Ob bei der Obsternte, bei der Jagd oder im hofeigenen Sägewerk – hier wird veredelt, was der Wald hervorbringt.

▸ *Seite 41*

Sabine Hollweck
hollwecks.com

Die Agraringenieurin verzichtete zugunsten der Käserei und Fischzucht auf eine wissenschaftliche Karriere – und ist sehr zufrieden damit. Heute findet die tierliebe Oberpfälzerin Bestätigung darin, ihre Kühe, Käselaibe sowie auch die Gäste des Hofes zu verwöhnen.

▸ *Seite 113*

Claudia Keil
hof-keil.de

Bestes Rindfleisch aus dem Herzen des Westmünsterlands: Auf dem Hof Keil bei Reken dürfen die Tiere in artgerechter Haltung und mit fast ausschließlich selbst angebautem Futter im Einklang mit der Natur leben.

▸ *Seite 67, 70*

Irmi Kinker
www.berghof-kinker.de

Der Berghof der Kinkers liegt im Allgäu und ist umgeben von Almwiesen und Weiden. Die Milchkühe sind dort natürlich den ganzen Tag draußen und sogar die Kälbchen kommen im Freien zur Welt, wenn es sich ergibt.

▸ *Seite 44, 45*

Sabine Klemme
www.hofladen-klemme.de

Der Hof Klemme blickt zurück auf eine 500-jährige Geschichte und erinnert heute noch an früher. So wird auch das Lehmofenbrot noch ganz traditionell gebacken: Der Ofen wird dafür um drei Uhr morgens angeheizt, damit die Glut am Morgen zum Backen reicht.

➤ *Seite 129*

Astrid Kriechenbauer
www.landgut-federkiel.de

Die Geflügelbäuerin aus der Oberpfalz ist eine Frau mit vielen Leidenschaften: Sie liebt ihre Arbeit mit dem Federvieh und in der eigenen Bio-Landwirtschaft sowie Kunst und Kultur – ihre Hobbys sind das Singen und das Malen.

➤ *Seite 105*

Jutta Kuhles
Gut Artzberg

Die Ackerbäuerin lebt mit ihrer Familie auf Gut Artzberg in Ratingen und bewirtschaftet mit ihrem Mann vor allem Felder mit Futtergetreide. Ihre Energie steckt sie außerdem in die Arbeit als Präsidentin des Rheinischen Landfrauenverbands e. V.

➤ *Seite 32*

Anne Leichtenstern
www.texaslonghorn.de

Anne und ihr Mann Alexander haben mit viel Leidenschaft auf ihrem Hof in Oberfranken die größte Texas-Longhorn-Herde in ganz Europa aufgebaut – einer Rinderrasse, die einst in riesigen Herden in der Prärie lebte.

➤ *Seite 39*

Ute Leyh
www.leyh-hof.de

Am Rande der Haßberge vermittelt die Erlebnisbäuerin mit Begeisterung ihr Wissen über den Hofalltag, Pflanzen und Tiere. Ackerbau, Milchwirtschaft und Stromerzeugung in der Biogasanlage sind dabei Hauptstandbeine der Familie Leyh.

➤ *Seite 27, 75*

Adelheid Lösse
www.loesse-jungferngut.de

Traubeneiche, Lindenblättrige Birke, Maronenbäume und Silberahorn: Im Forst von Adelheids Familie wachsen Bäume unterschiedlichster Art. Der ideale Lebensraum für nachhaltige Forstwirtschaft mit hofeigener Jagd.

➤ *Seite 81*

Kerstin Maria Loy
www.facebook.com/FleckviehzuchtAha

Neben ihrem Job im Reisebüro hat die quirlige Hauswirtschaftsmeisterin im Juli 2022 eine Käseschule eröffnet. Auf ihrem Fleckviehzucht-Betrieb in Aha erfahren die Kursteilnehmenden den ganzen Prozess „von der Kuh zum Käse" – den dabei selbst hergestellten Weichkäse nehmen alle mit nach Hause.

➤ *Seite 110*

Rita Meermeyer
www.wantuens-hof.de

Durch den Umbau des elterlichen Hofes in Ostwestfalen-Lippe zu einem Erlebnisbauernhof für Kinder hat Rita sich einen lang gehegten Lebenstraum erfüllt, bei dem sie gleichzeitig ihrer Leidenschaft für außergewöhnliche Tierrassen ausleben kann.

➤ *Seite 121*

Monika Meinel
www.meinel-braeu.de

Die junge Braumeisterin setzt in Hof eine alte Familientradition fort und steckt all ihre Energie in neue Bierkreationen. Dazu braucht sie neben Wasser, Hopfen und Malz vor allem Neugier und Leidenschaft.

➤ *Seite 91*

Silvia Mölders
www.bueffelhof-kragemann.de

Mit viel Power und Herzblut erfüllten sich Silvia und ihr Mann den Traum vom Vollerwerbsbetrieb. Bis zu 3000 l Milch gibt die Büffelherde der Familie im Sommer pro Tag. Daraus wird in einer befreundeten Käserei Mozzarella hergestellt.

➤ *Seite 89*

Ines Neyer
www.windmuehlen-hof.de

Viel Platz und wenig Stress für die Tiere: Auf dem Windmühlenhof werden Umweltbewusstsein und regionale Wertschöpfung gelebt. Das merkt man an der Qualität des Fleisches, was die Kund*innen zu schätzen wissen.

➤ *Seite 23*

Birgit Oeffner
www.kaeseundbrot.de

Die Käseexpertin, die gern neue Käsekreationen entwickelt und diese auf dem Bamberger Bauernmarkt und freitags auf ihrem Hof in Weiher verkauft, ist sehr um das Wohl ihrer Kühe bemüht: Nur wenn es den Tieren gut geht, stimmt auch die Qualität der Milch.

➤ *Seite 97*

Margit Paschen
www.floreana.de

Die Apfelexpertin lebt auf einem idyllischen Hof im Münsterland und züchtet auf ihrer Obstplantage neue Apfelsorten. Diese und zahlreiche andere Früchte sowie Marmeladen, Säfte und weiteres verkauft sie in ihrem Hofladen.

➤ *Seite 79, 115*

Susanne Räuchle
Knorr Obstbau

Im Hohenlohekreis führt die Landfrau mit ihrem Mann Markus einen Obstbaubetrieb. Sie genießt die Arbeit mit der Familie und in der Natur sehr, auch wenn die Rahmenbedinungen der modernen Landwirtschaft nicht immer einfach sind.

➤ *Seite 83*

Beate Schaller
www.cafe-hammermuehle-bio.de

In der Nähe von Regensburg verkauft die Landfrau in ihrem Hofladen Spezialitäten einer alten Rinderrasse aus dem eigenen Biobetrieb. Ihre vorbeiwandernden Gäste verwöhnt sie im biozertifizierten Hofcafé mit Gerichten vom roten Höhenvieh und hausgemachten Kuchen.

➤ *Seite 101*

Renate Schmidt
www.joferbraeu-hofbraeustueberl.de

Der Name ihrer Heimatregion ist bei der Bäuerin Programm: Sie und ihr Mann leben in der Hallertau und kennen sich mit Hopfen bestens aus. Sie kocht damit, verarbeitet ihn zu dekorativen Kränzen und serviert ihn zu Bier gebraut in der hofeigenen Wirtschaft.

➤ *Seite 123*

Agnes Schütte
www.oekowein-schuette.de

Als Chefin des familieneigenen Ökoweinguts versteht die Winzerin das Weinmachen als eine Kunstform mit drei wesentlichen Komponenten: die Arbeit im Weinberg, der Ausbau im Keller und das Marketing mit persönlicher Note.

➤ *Seite 29, 93*

Bettina Stadler
www.schacherbauerhof.de

Die engagierte Bäuerin eines Biohofs bei Burghausen macht sich für artgerechte Tierhaltung und Vielfalt in der Landwirtschaft stark. Milch, Fleisch, Eier – alles, was die Tiere auf dem Schacherbauerhof liefern, bietet Bettina Stadler in ihrem gut sortierten Hofladen an.

➤ *Seite 53*

Regina Steiner
www.vilstalschaefer.de

Die naturnahe und artgerechte Haltung von Tieren ist für die Niederbayerin eine Herzensangelegenheit: Sie bewirtschaftet mit viel Engagement die Schäferei mit 600 Merinoschafen im Weidebetrieb sowie 100 Milchschafen und erfindet gern neue Schafskäsevariationen.

➤ *Seite 109*

Katharina Steineshoff
www.heissenerhof.de

Auf dem Heißener Hof lebt in erster Linie Geflügel – Hühner, Gänse, Tauben und Wachteln. Katharina wird auf dem Hof, der seit vier Generationen in Familienbesitz ist, schon ihr ganzes Leben lang von Federvieh begleitet und kann sich ein Leben ohne die Tiere gar nicht vorstellen.

➤ *Seite 117*

Christiane Thees
www.bio-thees.de

Historisches Gemüse, seltene Tomatenpflanzen und jede Menge essbarer Blüten, Heil- und Küchenkräuter bescheren der Landfrau eine reiche Ernte, die sie dann auf dem Markt verkauft oder in der eigenen Küche verarbeitet.

➤ *Seite 71*

Ursula Tigges
erlebnisbauernhof-sauerland.de

Leben im Einklang mit der Natur ist für die Bioland-Bäuerin elementar, dementsprechend werden ihre Produkte erzeugt und vermarktet. Auf dem Lern- und Erlebnisbauernhof lässt sie Kinder und Erwachsene außerdem selbst hautnah am Landleben teilhaben.

➤ *Seite 33, 124*

Helga Trimborn
www.bauerngut-schiefelbusch.de

Bei den Trimborns gibt es eine große Vielfalt – aber keine Monokultur: Blumen zum Selberpflücken, Streuobstwiesen für die Apfelsaftgewinnung oder Grünland für Heu und Silage gehören zu ihrer Landwirtschaft.

➤ *Seite 61*

Birgit Vogl
Biohof Hammermühle

Als Erlebnishof mit Wald, Weiden, Streuobstwiesen, eigenen Hühnern und einer im Freien lebenden Angus-Herde ist der Biohof der Familie Vogl ein beliebtes Ausflugsziel für allerlei Besucher*innen, die wissen wollen, wo glückliche Landtiere leben.

➤ *Seite 35*

Simone Vogler
www.andreashof-oberstdorf.de

Obwohl die technisch versierte Allgäuerin zunächst andere Pläne für die Zukunft hatte, lebt sie heute glücklich mit ihrer Familie in der beliebten Tourismusregion bei Oberstdorf und ist Landwirtin mit Leib und Seele.

➤ *Seite 51*

Uschi Wagner
www.genusswerk.de/hofgut

In der Nähe der luxemburgischen Grenze betreiben die Wagners eine biologisch-dynamische Landwirtschaft, die immer wieder auf neue Erwerbszweige setzt: In Manufaktur, Hofladen, Hotel und Restaurant gibt es ehrliche Produkte, gutes Essen und regionale Vielfalt.

➤ *Seite 33*

Helga Wisser
Gutmannhof

Die Landfrau lebt mit ihrer Familie nach dem Prinzip der Selbstversorgung. Rund um ihren Schwarzwaldhof gibt es einen Gemüsegarten, Rinder, Schweine, Geflügel und Fische. Grundlage dafür ist eine nachhaltige Permakultur, bei der alle Ressourcen genutzt werden.

➤ *Seite 63*

Landfrauen im Fernsehen

„LANDFRAUENKÜCHE" IM BR FERNSEHEN

Die „Landfrauenküche" ist mit dem Landfrauenbus unterwegs durch ganz Bayern. Das Erfolgskonzept der Reihe: Sieben Landfrauen, eine aus jedem bayerischen Bezirk, kommen zusammen, um sich kennenzulernen und gegenseitig zu bekochen. Aber die Frauen lassen sich nicht nur beim Kochen, sondern auch in ihrem Alltag über die Schulter schauen. Sie alle haben einen engen Bezug zu ihrer Heimat und bereiten mit Produkten vom eigenen Hof oder aus der Region ein Menü aus Vor-, Haupt- und Nachspeise zu – für das sie dann von ihren Mitstreiterinnen bewertet werden. Siegerin ist, wer am Ende die meisten Punkte erhält.

„LECKER AUFS LAND" IM SWR FERNSEHEN

Selbstbewusste Landfrauen reisen mit einem Oldtimberbus durch Rheinland-Pfalz und Baden-Württemberg. Sie sind unterwegs zum festlichen Dinner, das eine von ihnen als Gastgeberin auf ihrem Hof ausrichtet. Eine Frage steht dabei im Vordergrund: Welche von ihnen kocht das beste Landmenü? Mit Liebe zum Kochen und Dekorieren machen sich die Teilnehmerinnen ans Werk. Auf den Teller kommen regionale Spezialitäten, vor allem aus eigenem Anbau oder hofeigener Aufzucht. Natürlich hilft die ganze Familie mit, sei es beim Kochen, beim Gastgeschenk oder bei der Hofführung. Die Gäste bewerten am Ende das Essen und die Tischdekoration.

„LAND & LECKER" IM WDR FERNSEHEN

Regelmäßig geht es bei „Land & lecker" quer durch Nordrhein-Westfalen – zusammen mit gut gelaunten Bäuerinnen und Bauern, die sich gegenseitig auf ihre Höfe einladen. Auf ihrer kulinarischen Reise genießen sie Köstlichkeiten aus der Region und vor allem das, was die eigenen Höfe zu bieten haben. Am Ende der Reise steht die Frage: Wer hat das beste Menü gekocht? Aber es geht nicht nur ums Kochen, sondern auch um den Arbeitsalltag und die persönlichen Geschichten der Teilnehmenden. Die Landfrauen und -männer sind Unternehmer*innen, die im Wandel der Zeit stets die Verbindung zwischen Tradition und Moderne zu erhalten versuchen und dabei spannende und kreative Wege einschlagen.

L

M

S

T

V

W

Z

Sicherheitshinweis:

Alle Angaben zur Nutzung und Anwendung von Wildpflanzen und -früchten sind trotz sorgfältiger Prüfung ohne Garantie auf Allgemeingültigkeit. Das Sammeln und Verwenden geschieht daher auf eigene Verantwortung.

ZU DEN AUTOR*INNEN

Alle der sympathischen wie auch toughen Unternehmerinnen im Buch hat man bereits kennen- und lieben gelernt: Im BR im TV-Format „Landfrauenküche“, im SWR bei „Lecker aufs Land“ oder im WDR bei „Land & Lecker“. Sie sind Käserinnen, Bio-Bäuerinnen, Schnapsbrennerinnen und Kräuterexpertinnen oder machen andere ganz besondere Dinge. Eins haben sie jedoch alle gemeinsam: Sie sind authentisch, bodenständig und modern.

Weitere Bücher der Autoren:

- Vegetarisch mit den Landfrauen
- Backen mit den Landfrauen
- Frühling mit den Landfrauen
- Weihnachten mit den Landfrauen

BILDNACHWEIS

Alexander Haselhoff: S. 136 (m.o.), 138 (m.), 139 (m.o.); Alexander Walter: S. 38, 68, 84; Andreas Maluche: S. 131 (l.), 133 (r.o., l.u.), 134 (l.o.), 140 (l.u., r.u.); Anke Schütz: S. 6-19 (Hintergrund), 23, 32/33 (Hintergrund), 60, 116, 120, 124/125 (Hintergrund); Anne Deiß:S. 133 (m.o.), 139 (l.o.); BR/megaherz GmbH/Andreas Maluche: S. 131 (m.o.), 132 (r.o.), 136 (l.u.); BR/megaherz GmbH/Moritz Sonntag: S. 131 (r.o.), 136 (r.u.), 137 (l.u.), 140 (m.o.); BR/megaherz gmbh/Philipp Thurmaier: 133 (m.u.); Brigitte Sporrer/Julia Skowronek: 50, 113, 122; Claudia Keil: S. 134 (l.u.); Fotos mit Geschmack (Ulrike Schmid/Sabine Mader): 30, 64, 66, 128; Jan-Peter Westermann: S. 70; Julia Hoersch: S. 32; Katharina Steineshoff: S. 139 (l.u.); Kerstin Loy: 137 (m.o.); Maria Grossmann/Monika Schuerle: S. 70/71 (Hintergrund), 86/87 (Hintergrund); Markus Bauer: S. 134 (r.u.); Mathias Neubauer: S. 124; Melanie Grande: S. 132 (l.o., m., r.u.), 133 (l.o.), 134 (m.o.), 136 (l.o., r.o.), 137 (l.o., r.), 138 (l., r.o.,), 139 (m.u., r.u.), 140 (l.o.); Rainer Dittrich/Daniel Reiter/Brigitte Sporrer: S. 133 (r.u.), 134 (r.o.), 138 (r.u.), 139 (r.o.), 140 (r.o.); Shutterstock: Buchrücken, Coverbanderole, S. 1, 6, 7, 8, 9, 10, 11, 12, 13, 14, 15, 16, 17, 18, 20/21, 56/57, 102/103, 130, 135, 141; Stefan Braun: S. 86; SWR/Anne Deiß: 132 (l.u.); Thorsten Suedfels: S. 4/5, 142/143; Wolfgang Maria Weber: S. 131 (r.u.)

IMPRESSUM

Hinter jedem tollen Buch steckt ein starkes Team

Projektleitung: *Rebecca Angerer*
Texte: *Rebecca Angerer*
Lektorat: *ZS Redaktion, Karin Leonhart*
Grafische Gestaltung & Satz: *Julia Arzberger*
Illustrationen: *Shutterstock*
Fotografie: *Andrea Kramp & Bernd Gölling (weitere siehe Bildnachweis)*
Herstellung: *Frank Jansen, Andrea Hartkop*
Producing: *Jan Russok*
Druck & Bindung: *optimal media GmbH, Röbel*

1. Auflage 2023
© 2023 Edel Verlagsgruppe GmbH
Kaiserstraße 14 b
D-80801 München
ISBN: 978-3-96584-317-2

LIEBE LESER, LIEBE LESERINNEN

wie schön, dass Sie ein Buch von ZS in den Händen halten. „jetzt leben!“ ist das Motto unseres Verlages. Es steht für Genuss und Inspiration, Unterstützung und Motivation. Ob Kulinarik oder Fitness, Gesundheit oder Lebenshilfe – seit über 30 Jahren bieten wir kompetente Ratgeber für (fast) alle Lebenslagen. Wir lieben Tradition genauso wie Innovation – sie treiben uns an. Unsere Autorinnen und Autoren sind Menschen, die zu ihrem Thema wirklich etwas zu sagen und zu schreiben haben. Unsere Produkte sind erzählerisch, appetitmachend und als gedruckte Bücher haptisch echte Erlebnisse. Für Sie mit ganz viel Liebe gemacht! Entdecken Sie mehr aus unserer wunderbaren Welt!

UNSER VERLAGSHAUS

Mit Standorten in München, Hamburg und Berlin zählt die Edel Verlagsgruppe zu den größten unabhängigen Buchanbietern Deutschlands. Zur Edel Verlagsgruppe gehört unter anderem ZS mit seinen Lizenzmarken Dr. Oetker Verlag, Kochen & Genießen und Phaidon by ZS.

ZS – Ein Verlag der Edel Verlagsgruppe
www.zsverlag.de
www.facebook.com/zsverlag
www.instagram.com/zsverlag

FÜR DIE UMWELT

ZS unterstützt bei der Produktion dieses Buches das Projekt „Junge Riesen für die nächsten 100 Jahre“ im Naturpark Nossentiner/Schwinzer Heide. Damit wird ein Anteil der unvermeidbaren CO_2-Emissionen im direkten Umfeld des Produktionsstandortes kompensiert.

PARTNER Naturpark Nossentiner / Schwinzer Heide
www.optimal-media.com/naturschutzprojekt-001